leykam: *seit 1585*

Walter Hämmerle

Die unreife Republik

Zum Zustand Österreichs

leykam: STREITSCHRIFT

MIX
Papier | Fördert gute Waldnutzung
FSC® C106954
www.fsc.org

Klimaneutral
Druckprodukt
ClimatePartner.com/17357-2307-1001

Covergestaltung: Peter Eberl, www.hai.cc
© Porträt auf Umschlagseite 4: Moritz Ziegler
Satz und Typographie: Gerhard Gauster
Druck: Florjančič tisk d.o.o.
Gesamtherstellung: Leykam Buchverlag

ISBN 978-3-7011-8307-4

www.leykamverlag.at

Auch als E-Book erhältlich.

Klimaneutral gedruckt mit freundlicher Unterstützung durch die Kulturabteilung der Stadt Wien.

Stadt
Wien

INHALT

EINLEITUNG

> „Ich will Österreich kein Loblied singen. Aber ohne diesen Wahn, den ich hatte, dass ich aus einem großen Land stamme, wäre ich nichts, wären wir alle nichts. Sie nicht, ich nicht. Auch die Skispringer gehören dazu. Alle. So, und jetzt lasst mich in Ruhe!“[1]

Im Gegensatz zu Peter Handke hat die Republik, die Politik wie die meisten ihrer Bewohner, verdrängt, dass Österreich ein großes Land ist. Uns stehen alle Möglichkeiten offen, auch die größten. Natürlich, wenn man sich allein auf die nackten Zahlen beschränkt, sind wir, wie es der britisch-amerikanische Historiker Tony Judt einmal formulierte, ein kleines, stabiles und unbedeutendes Land. Aber erstens sind Zahlen nicht alles, und zweitens gibt es Fakten, die uns hoch hinaus bis an die Spitze heben: Nach dem Wohlstandsindex von Eurostat, der kombiniert Wirtschaftskraft und Lebensqualität misst, liegt Österreich auf Platz vier in der EU, übertroffen nur von Luxemburg, Irland und den Niederlanden. Allerdings ist hinzuzufügen, dass die beiden bestplatzierten Länder ihren Platz außergewöhnlichen Umständen verdanken: Das kleine Herzogtum ist Heimat zahlreicher Finanzdienstleister, die Grüne Insel der europäische Hub für die US-Tech-Giganten, die sich dort enormer Standortvorteile erfreuen.

Es gäbe somit gute Gründe, ein Loblied auf Österreich zu singen, wäre da nicht diese andere fatale Charaktereigenschaft, die Franz Grillparzer schon vor mehr als 170 Jahren beschreibt:

> „Das ist der Fluch von unserm edeln Haus:
> Auf halben Wegen und zu halber Tat.
> Mit halben Mitteln zauderhaft zu streben.
> Ja oder nein, hier ist kein Mittelweg."[2]

Von Leopold Kohr, dem einst berühmten, heute meist vergessenen österreichischen Nationalökonomen, Staatsrechtler und Philosophen, stammt der Satz: „Wo immer etwas fehlerhaft ist, ist es zu groß." Kohr verleiht der Idee des Anarchismus neue politische Substanz und berichtet an der Seite Ernest Hemingways über den spanischen Bürgerkrieg, später kämpft er gemeinsam mit Otto Habsburg für die Befreiung Österreichs vom Nationalsozialismus. Für ihn ist alles eine Frage des Maßstabs: „Die Größe – und nur die

Größe! – ist das zentrale Problem der menschlichen Existenz, im sozialen und im physischen Sinn." Die Lösung liegt für Kohr auf der Hand: „(...) die Idee und das Ideal der Kleinheit als einziges Serum gegen die krebsartige Wucherung der Übergröße (...)."[3] In anderen Worten: Aus dem Kleinen, Dezentralen lassen sich Vorteile ziehen – ökonomische, soziale, politische. Small can be beautiful.

Die Republik hat die Ideen Kohrs zu Ausreden für ihre Unzulänglichkeiten verniedlicht, statt sich deren Vision anzueignen. Das Spiel mit der geringen Größe des Landes irritiert Außenstehende und Landsleute, die höhere Ansprüche stellen. Der Satz „Österreich ist ein kleines Land" aus dem Mund heimischer Entscheidungsträgerinnen und Entscheidungsträger ist zu oft keine Tatsachenbeschreibung, sondern eine Ausrede für den fehlenden Mut, ausgetretene Pfade zu verlassen. Manchmal bietet die geringe Größe auch Schlawinern Deckung. Österreich sei „a too small country to make good doping": Dieser legendäre Satz Peter Schröcksnadels, der den ÖSV zum weltbesten Skiverband geformt hat, findet Eingang in den Zitatenschatz der Republik. Zu Recht. Er fällt, nachdem italienische Carabinieri bei den Olympischen Winterspielen 2006 im Privatquartier österreichischer Athleten Beweise für Blutdoping beschlagnahmen.

In dieser Republik ist nichts, keine Vertrauenskrise, keine Wut und kein Wunderwuzzi, einfach vom Himmel gefallen. Alles hat sie sich hart erarbeitet. Das gilt für das Misstrauen der Menschen in Parteien und Regierung, in Verwaltung und Wissenschaft, in Medien sowie Journalismus, und genauso auch für die Erfolge der Zweiten Republik und ihren Wohlstand. Doch dieses Kapital droht verspielt zu werden, weil die Politik fast alle Energie in symbolisch aufgeladene, aber für die Zukunft des Landes bestenfalls drittrangige Themen investiert; weil Medien, getrieben von der Sucht nach Aufregern und Klicks, diese falschen Prioritäten nicht nur hinnehmen, sondern noch befördern; weil für die Parteien Loyalität selbst bei zentralen Jobs wichtiger ist als Kompetenz; weil sich zu viele Bürgerinnen und Bürger im Zweifel lieber von der Politik abwenden als sich zu engagieren. Was den Zustand der Republik angeht, kann sich niemand die Hände in Unschuld waschen.

Natürlich steht Österreich mit seinen Problemen nicht allein da. Im Gegenteil: Rund um den Globus finden sich liberale Gesellschaften unter Druck; teils wegen weltweiter Krisen, von der

Pandemie bis zum Ukraine-Krieg und den damit verbundenen Teuerungsschocks, teils aus eigenem Verschulden. Die Liste der Beispiele ist lang und beginnt bei der Führungsmacht der westlichen Welt, den USA, wo beide Parteien, zuvorderst jedoch die Republikaner, Maß und Mitte verloren haben; in Ungarn und Polen regieren korrupte Nationalisten; Großbritannien ist seit einer Dekade in Geiselhaft radikaler Brexiteers; in Italien sind Postfaschisten durch die grassierende Unzufriedenheit an die Macht gespült worden; Israels Demokratie droht, am Streit um die Justiz Schaden zu nehmen und so weiter und so fort.

Was Österreich von diesen Beispielen unterscheidet: Unser drohender Niedergang erfolgt ohne zwingende Notwendigkeit. Der Vertrauensverlust in die Institutionen mag im Gleichschritt mit der internationalen Entwicklung erfolgen, großteils ist er jedoch hausgemacht. Österreich eignet sich als perfekter Anschauungsfall, wie sich ein kleines, einst ultrastabiles und bis heute überdurchschnittlich wohlhabendes Land von ganz allein in die Krise manövriert. Dafür hauptverantwortlich ist die anhaltende Selbstverzwergung der nach wie vor tragenden Parteien der Mitte. ÖVP und SPÖ flüchten sich, statt zu gestalten, in Inszenierungen. Weil sie personell erschöpft und programmatisch orientierungslos sind, hoffen sie beide auf Wunderwuzzis, die sie zurück zu alter Glorie führen. Dann ist da die FPÖ, die ein ums andere Mal daran zerbricht, die Wut der Enttäuschten in konstruktive Politik umzuwandeln, während Grüne wie Neos daran scheitern, nachhaltig aus den Ghettos ihrer Kernklientel auszubrechen.

Trotzdem ist es zu billig und darüber hinaus sachlich falsch, mit dem Finger allein auf die Parteien zu zeigen. Nichts ist einfacher, als Politiker und Parteien pauschal als unfähige Vollversager oder habituell korrupt abzustempeln. Die Wirklichkeit ist komplizierter, oder anders formuliert: Der Zustand von Politik und Parteien hat ursächlich mit uns, den Bürgerinnen und Bürgern, unserem Handeln und Unterlassen, zu tun.

Im Folgenden soll, kurz und prägnant, Österreichs Weg zur unreifen Republik nachgezeichnet werden. Den Anfang bildet ein Ausflug in die noch immer nachwirkende Vergangenheit; in Österreich strahlt das Gestern verlässlich bis ins Heute aus. Der zweite Abschnitt widmet sich der Frage, wann, warum und wie die Parteien nach 1945 damit begonnen haben, Politik als Spiel zu betrachten. Heute ist Politik längst nicht mehr allmächtig, sondern braucht mehr oder weniger stille Helferlein. Diese Wasserträger und Beitragstäterinnen sind das Thema des dritten Kapitels. Die möglichen, ja vielfach sogar naheliegenden Auswege aus Österreichs selbstverschuldetem Schlamassel bilden als viertes Kapitel den Abschluss. Die gute Nachricht dabei lautet: Die aufgezeigten Veränderungen sind keine Zauberei; die schlechte lautet: Wir müssen uns, frei nach Peter Handke, selbst entwickeln wollen.

ANFÄNGE

> „‚Und siehst du, Exzellenz, hier sind wir gestanden, und hier sind die Preußen gestanden, und wenn der Benedek den linken Flügel zur rechten Zeit hätte einschwenken lassen, hätten die Preußen den Krieg verloren.'
> ‚Schad', sagte der andere.
> ‚Was schad?'
> ‚Dass sie den Krieg nicht verloren haben.'
> ‚Glaubst?'
> ‚Alles wär anders.'
> ‚Stimmt.'"[4]

Ernst Fischer, der Humanist, Patriot und fast lebenslang überzeugte Kommunist, erzählt von diesem erlauschten Gespräch zweier alter Männer auf einer Grazer Parkbank 1919 in seinen unbedingt lesenswerten Memoiren. Die Niederlage, über die die beiden lamentieren, ist nicht die Katastrophe von 1918, die Rede ist von Königgrätz. Das Debakel von 1866 treibt die Einigung Deutschlands gegen und ohne das multinationale Österreich voran und zwingt das Habsburgerreich zum Ausgleich mit Ungarn. Der eben erst verlorene Weltkrieg, die Auflösung der Monarchie, der Verlust der meisten Landesteile, darunter auch etliche deutschsprachige, und die Ausrufung des kleinen Rests zur Republik: All das kümmert die beiden Alten weniger als das ewige Was-wäre-wenn längst verpasster Gelegenheiten.

Heute ist Österreich ein mittelgroßes wohlhabendes Land mit neun Millionen Einwohnerinnen und Einwohnern inmitten der Europäischen Union. Doch das 20. Jahrhundert beginnt es als Vielvölkerreich mit 50 Millionen Menschen im Herzen des Kontinents. Gleichgeblieben ist: Wer von Österreich in seinen wechselnden Gestalten erzählen will, stolpert unweigerlich über die seltsame Neigung, den eigenen Staat nicht wirklich ernst zu nehmen. Geschichten vom wunderbar beschwingten Leben an der ewig blauen Donau, über die Unzulänglichkeiten, ja liebenswerten Schlampereien der Habsburgerbürokratie wechseln sich ab mit Berichten über den tödlichen Ernst von Metternichs Polizeistaat und die brutale Niederschlagung von Arbeitern und Studenten in Wien und anderswo. G'schichterln des liebenswürdig Lächerlichen treffen auf Anekdoten von einem Staat, der in vielerlei Hinsicht aus der Zeit gefallen scheint.

„Ja, dürfen's denn des?", ruft Kaiser Ferdinand am 13. März 1848 angeblich aus, als die Revolution in Gestalt von Studenten und Bürgern vor dem Niederösterreichischen Landhaus in der Wiener Herrengasse auftaucht. Die protestierende Menge fordert die Abschaffung der Grundherrschaft, Pressefreiheit und eine Verfassung. Im Volksmund wird der Kaiser von Gottes Gnaden als „Nandl der Trottel" oder „Nanderltrotterl" verspottet, der offizielle Beiname „Ferdinand der Gütige" lässt immerhin auch eine schmeichelhaftere Interpretation des Geisteszustands des Regenten zu, was die Spötter umgehend zu „Gütinand der Fertige" verdrehen. Bei der Regelung der Nachfolge wird Ferdinands Bruder, Erzherzog Franz Karl, wegen mangelnder Eignung kurzerhand übergangen, an seiner Stelle besteigt sein 18-jähriger Sohn Franz Joseph den wackelig gewordenen Thron.

Dieser Franz Joseph gilt heute als Muster eines liebenswürdigen, gütigen und pflichtbewussten Kaisers. Dabei regiert er die längste Zeit mit harter Hand. Die Revolution von 1848 lässt er blutig niederwerfen, alle bedeutenden Hauptstädte der Monarchie werden militärisch zurückerobert: Krakau zu Ostern, Prag zu Pfingsten, Mailand im Sommer, Wien im Oktober, dann Budapest,

Lemberg und, als trauriger, besonders brutaler Schlusspunkt, Venedig. Die „Serenissima“ wird im Sommer 1849 ausgehungert. Die Revolution wird nicht nur im übertragenen Sinn getötet, sondern ihre Protagonistinnen und Protagonisten werden verfolgt, vertrieben und etliche auch hingerichtet. Die Fragen nach dem „Dürfen“ hat sich da längst erledigt. Zugeständnisse lässt sich Franz Joseph nur nach bitteren Niederlagen abpressen.

„Despotismus gemildert durch Schlamperei“, so charakterisiert Victor Adler, Arzt und Gründervater der Sozialdemokratie, 1889 das Land und seine Machtstrukturen. Freiheit wird weder gewährt noch erobert und schon gar nicht ausgehandelt, sondern ergibt sich aus der Unfähigkeit des Staates, seine Autorität durchzusetzen. Solche Freiheit ist nie garantiert, aber immer gefährdet. Das weiß die Macht, das spüren die Menschen.

Bezeichnend für diesen „Despotismus gemildert durch Schlamperei“ ist, wie die von der französischen Nationalversammlung verabschiedete Erklärung der Menschen- und Bürgerrechte vom 26. August 1789 bis in den hintersten Winkel der Monarchie verbreitet werden kann. Dieses epochale Dokument richtet sich gegen alle Herrscherinnen und Herrscher von Gottes Gnaden und damit auch gegen den regierenden Kaiser Joseph II. Schon in Artikel I wird betont: „Alle Menschen sind frey geboren (...)." Der Schlamperei der Zensoren ist es zu verdanken, dass die Erklärung nicht illegal produziert und gut getarnt weitergegeben werden muss, sondern ab dem 9. September 1789 vollständig übersetzt und quasi offiziell in der damals wichtigsten Gazette des Reichs, der „Wiener Zeitung", erscheint. Es genügt, dass die Redaktion den Wortlaut nicht ganz vorne platziert, wo die für das Herrscherhaus relevanten Informationen stehen, sondern weiter hinten, ab Seite 4 und in der Rubrik „Ausländische Angelegenheiten". Weder damals noch heute interessieren sich die Mächtigen für Außenpolitik.

Auch die wechselvolle Lebensgeschichte des Conrad Dominik Bartsch, der damals der verantwortliche Chefredakteur der „Wiener Zeitung" ist, passt in diese Erzählung von Österreich: geboren 1759; Chefredakteur ab 1782; 1794 entgeht er als Demokrat knapp der Verhaftung, erhält aber später Berufsverbot durch Kaiser Franz; 1811 wird er erneut zum Chefredakteur der „Wiener Zeitung" ernannt, bis ihn Metternich 1815 absetzt; von da an bis zu seinem Tod 1817 werkt er als einfacher Mitarbeiter weiter.

Bartschs Leben steht stellvertretend für unzählige andere dieser Zeit: Es ist ein Glücksspiel, ständig abhängig von den unberechenbaren Launen der Regierenden: Franz Kafka hat 140 Jahre später aus diesem ewigen Albtraum der Machtlosen Weltliteratur geschaffen.

Das Reich der Habsburger sei „immer eine Armee, ein Jahr und eine Idee im Rückstand", so macht sich Napoleon, der große Kleine, über Österreich lustig. Eine Habsburgerin will er trotzdem dringend heiraten. Mit Marie-Louise von Österreich hofft der Korse, sein Ziel zu erreichen, eine eigene Dynastie zu begründen. Nach der Niederlage Napoleons und der Neuordnung Europas beim Wiener Kongress 1815 zwingt Metternichs allgegenwärtiger Spitzelapparat die Bürgerinnen und Bürger zur Einkehr nach innen sowie zum Täuschen und Tarnen nach außen. Johann Nestroy, Österreichs Shakespeare aus der Vorstadt, attestiert seiner Heimat eine „fadenscheinige Gemütlichkeit". Mit seinem in Spott gewickelten Wirklichkeitsgespür schont Nestroy weder sich noch seine Landsleute: „Ich glaub' von jedem Menschen das Schlechteste, selbst von mir, und ich hab mich selten getäuscht."

Der Spott verliert in der zweiten Hälfte des 19. Jahrhunderts seinen Witz. Der aufkommende

Nationalismus höhlt die übernationale Staatsidee und ihre Institutionen aus. An den hiesigen Universitäten dominieren die Großdeutschen; deren Sehnsucht nach Vereinigung mit dem 1871 gegründeten Deutschen Reich und die teils unverhohlene Ablehnung des eigenen Staats bestimmen den Ton. Vor negativen Konsequenzen müssen sich diese Staatsverweigerer nicht fürchten, dazu fehlt der Monarchie die Kraft und der Wille. Härter geht der Staat gegen die aufkommende Sozialdemokratie vor, aber am Ende vermag er diese weder zu unterdrücken noch politisch konstruktiv zu integrieren. Das meint Adler mit seinem Satz vom durch Schlamperei abgemilderten Despotismus. Dieser Mix aus Polarisierung und Schludrigkeit produziert eine ganz eigene politische Kultur. Arthur Schnitzler nennt das Habsburgerreich in Anlehnung an Nestroy einen Hort sozialer Unaufrichtigkeit:

> „Hier wie nirgends anderswo gebe es wüsten Streit ohne Spur von Hass und eine Art von zärtlicher Liebe, ohne das Bedürfnis der Treue. Zwischen politischen Gegnern existierten oder entwickelten sich lächerliche persönliche Sympathien; Parteifreunde hingegen beschimpften, verleumdeten, verrieten einander.“[5]

Den eigenen Staat nicht ernst zu nehmen, kommt keinem Preußen, Ungarn, geschweige denn Franzosen oder Briten in den Sinn. Die Österreicher dagegen veredeln ihre Selbstzweifel, die bis zum Selbsthass gehen können, zur Kunst. Doch auf einem solchen Fundament lassen sich keine starken, unabhängigen und widerstandsfähigen Institutionen bauen. „Echt österreichisch", das ist für Schnitzler die Bezeichnung für etwas Abfälliges, „echt deutsch" ein Synonym für „edel, stark und schön". Dies ist die Zeit, als die meisten Österreicher noch Deutsche sein wollen.

Das Meisterwerk der Verachtung verfasst Karl Kraus mit „Die letzten Tage der Menschheit". Unter dem Schock des Ersten Weltkriegs schreibt sich das Sprachgenie ab 1915 seine Wut auf Land und Eliten von der Seele. In seinem monumentalen Werk führt er penibel Buch über den Irrsinn dieses Kriegs, indem er das Panoptikum eines degenerierten Staats und seiner Figuren beschreibt, die sich aus Dummheit und Verblendung ihr eigenes Grab schaufeln.

Als der Krieg endlich zu Ende ist und ein Neuanfang auf den Ruinen des kümmerlichen Rests unumgänglich, sprießt plötzlich Nostalgie. Joseph Roth, ein glühender Monarchist, ist mit seinen Romanen keineswegs der einzige; der liberale

Kosmopolit Stefan Zweig tut es ihm in seinen Erinnerungen an die idealisierte Welt von gestern ebenso gleich wie der Sozialdemokrat und Begründer des Austromarxismus Otto Bauer oder eben der Kommunist Fischer.

Eine Illusion, ein Staat im Konjunktiv, ist auch Kakanien. Robert Musil prägt den Begriff in seinem Roman „Der Mann ohne Eigenschaften", der 1930 erscheint. Der Name verdankt sich der vor 1918 allgegenwärtigen Abkürzungen k.k. für „kaiserlich-königlich" bis 1867 und k.u.k. für „kaiserlich und königlich" ab dem Ausgleich mit Ungarn 1867. Die Unterscheidung ist von staatsrechtlicher Relevanz, zeugt jedoch vor allem von der bürokratischen Pedanterie der Monarchie.[6] Dieses Kakanien beschreibt Musil folgendermaßen:

> „Dort, in Kakanien, diesem seither untergegangenen, unverstandenen Staat, der in so vielem ohne Anerkennung vorbildlich gewesen ist, gab es auch Tempo, aber nicht zuviel Tempo. (...) Natürlich rollten auf (seinen) Straßen auch Automobile; aber nicht zuviel Automobile! Man bereitete die Eroberung der Luft vor, auch hier; aber nicht zu intensiv. (...) Man gab Unsummen für das Heer aus, aber doch nur gerade so viel, dass man

> sicher die zweitschwächste der Großmächte blieb. (...) Und verwaltet wurde dieses Land in einer aufgeklärten, wenig fühlbaren, alle Spitzen vorsichtig beschneidenden Weise von der besten Bürokratie Europas, der man nur einen Fehler nachsagen konnte: sie empfand Genie und geniale Unternehmungssucht an Privatpersonen, die nicht durch hohe Geburt oder einen Staatsauftrag dazu privilegiert waren, als vorlautes Benehmen und Anmaßung. Aber wer ließe sich gerne von Unbefugten dreinreden!"[7]

Geschätzt und verklärt wird stets, was verloren ist. Das ist auch das Schicksal der alles andere als vollkommenen Monarchie nach ihrem Untergang 1918. Roth säuft sich in Paris aus Trauer um „seinen" Staat ins Grab, zuvor aber errichtet er angesichts der Tristesse der Zwischenkriegszeit den letzten Jahrzehnten des Doppeladlers ein literarisches Denkmal. Zweig tut es Roth gleich, mit dem einzigen Unterschied, dass er sich auf der Flucht vor den Nazis und verzweifelnd an der Gegenwart in Brasilien das Leben nimmt. „Reich der Träumer" nennt der Autor und Journalist Hanns Sassmann seine Kulturgeschichte Österreichs, von dessen Anfängen bis zur Republik. Dieser

Sassmann ist in den 1920ern erst Kommunist, in den 1930ern dann Nationalsozialist. Die Geschichte der Ersten Republik ist so tragisch wie kompliziert und lässt sich dennoch mit wenigen Worten erzählen: Weil die Siegermächte 1918 ihr Veto gegen eine Vereinigung mit Deutschland einlegen, muss Österreich versuchen, auf eigenen Beinen zu stehen. Es folgen Krisen, Spannungen und Gewalt, das Ende der Demokratie 1933, Verbot der Sozialdemokratie und Bürgerkrieg 1934, „Anschluss" an Nazi-Deutschland 1938, schließlich Holocaust, Krieg, Elend und Besatzung. Die Niederlage wird zur Befreiung durch Besatzung. Im April 1945 erhält die Republik ihre zweite Chance.

Im Kitsch findet die Verklärung der Monarchie nach 1945 ihre Fortsetzung. Wenn sich die 1950er und 1960er in Filmen und Büchern vom „guten Kaiser", dessen Sisi und dem untergegangenen Reich ein Bild machen, ist der Kitsch König. Die Zweite Republik knüpft damit an eine Tradition an, deren Vertreter schon in den letzten Jahrzehnten des Doppeladlers in Romanen und Musik die Deutungshoheit erobert hatten: Das innerlich zerrissene Reich wird als lebenslustiger Operettenstaat gezeichnet, in dem zum Happy End alle Walzer tanzen.

Mit der Zeit verschmilzt die historische Realität mit der konstruierten Fiktion. Das macht sich die Republik zunutze, indem sie mit einem verrückten Projekt versucht, die Alliierten zum Abschluss des Staatsvertrags zu bewegen. 1952 erscheint der Film „1. April 2000", finanziert und beauftragt von der Bundesregierung. Dass der damalige Minister für Unterricht, Ernst Kolb (ÖVP), den Streifen mit dem „Graf Kolowrat-Sascha-Wanderpokal" als besten heimischen Film des Jahres auszeichnet, passt zum Bild, das dieses Land von sich zeichnet. Das Who is who der österreichischen Schauspielerriege steht willig parat: Josef Meinrad, Hilde Krahl, Hans Moser, Curd Jürgens, der blutjunge Helmut Qualtinger (als Russe von den Vier im Jeep!), Waltraud Haas, Judith Holzmeister, Paul Hörbiger und andere mehr.

Die Handlung dieser satirischen, trotzdem zutiefst politischen Science-Fiction-Story ist simpel, die Strategie bestechend: Am 1. April 2000, also 55 Jahre nach Kriegsende, ist Österreich noch immer besetzt. Aus Verzweiflung fordert die Regierung alle Österreicherinnen und Österreicher auf, ihre von den Alliierten ausgestellten Ausweise zu zerreißen. Daraufhin wird das Land vor dem Weltgericht wegen Bruchs des

Weltfriedens angeklagt und muss seine Unschuld beweisen. Die Story ist kitschig und banal, aber wie sie in diesem Film umgesetzt, mit welchen Bildern gearbeitet, wie hier Geschichtsklitterung am lebenden Objekt in den Dienst der Gegenwart gestellt wird, ist bis heute sehenswert. Die Botschaft: Die Österreicherinnen und Österreicher sind ein Volk, das keiner Seele etwas antun kann – wunderbar inszeniert, gespielt und mit Bildern eines so prächtigen wie braven Landes ausgestattet.

Mit Kakanien hebt Musil seinen Traum von einer ausgleichenden Vielvölkermonarchie in den Himmel, doch im Alltag ist sie längst zum real existierenden Operettenstaat auf Erden geschrumpft, nach 1945 sogar auf Geheiß der Politik. Der Begriff „Operettenstaat" stammt eigentlich aus den ersten Jahren des 20. Jahrhunderts. Es ist dies jene kurze Phase, in der sich zu viele allzu sicher sind, dass nie wieder ein großer Krieg Europa, geschweige denn die ganze Welt ins Elend stürzen kann.

Operettenstaaten sind aus Prinzip klein, witzig und harmlos. Die großen wie kleinen Dramen des normalen Lebens haben hier keinen Platz, dafür Lebenslust und Liebeleien umso mehr. Der prunkvolle Schein geht über alles, Macht ist maximal ein Spiel. Vor einem Operettenstaat muss sich keiner fürchten, allerdings nimmt ihn auch niemand ernst, weder die Außenstehenden noch die eigenen Eliten und auch nicht die einfachen Bürger. Auf der Habenseite des Operettenstaats steht, dass ihn viele um die Leichtigkeit seines Seins beneiden. Das Leben ist ein Spaß und die Landschaft wie gemalt. Das unterscheidet den Operettenstaat im Übrigen von der Bananenrepublik, wo nur wenige dank dunkler Machenschaften in Saus und Braus leben und die meisten nicht wissen, wie sie über die Runden kommen. Anders formuliert: In einen Operettenstaat fährt jeder gern auf Urlaub, in einer Bananenrepublik[8] lebt man nur, wenn man sonst nirgendwohin kann.

Das neue Österreich entscheidet sich bewusst für die Fortsetzung seiner Inszenierung als Operettenstaat, wo holde Kunst und wunderschöne Natur ein prächtiges Bündnis eingehen. Dass die Menschen zugleich fleißig, ehrgeizig und innovativ sind, wird nicht an die große Glocke gehängt. Das von Diktatur, Krieg und Holocaust gebeutelte Ansehen muss erst repariert werden. Die Klischees einer walzerseligen Vergangenheit leisten dabei nützliche Hilfe: Franz Joseph und Sisi, der Strauss-Clan, das imperiale Wien und die glühenden Alpen. Und natürlich der Opernball. Schon die Erste Republik entdeckt das Potenzial, das in der Wiener Ballkultur steckt, und veranstaltet 1921 ihre erste Opernredoute; 1935, da ist die Demokratie schon abgeschafft und die Sozialdemokratie verboten, wird erstmals unter der Marke „Wiener Opernball" getanzt. Im Februar 1956, drei Monate nach der Wiedereröffnung der zerbombten Staatsoper, wiegt sich die unabhängige Republik auf „ihrem" ersten offiziellen Opernball in Walzerseligkeit. Bis heute liefert das Ereignis gemeinsam mit dem Neujahrskonzert prächtige Bilder eines glückseligen Österreichs in die ganze Welt. Es ist dies mit großer Wahrscheinlichkeit die beste PR-Kampagne für einen Staat und dessen Traum von sich selbst.

Für ein Tourismusland, das 2019, im letzten Jahr vor der Pandemie, 150 Millionen Nächtigungen verzeichnet und 2022 schon wieder 137 Millionen erreicht, ist das unbezahlbare Werbung. Die langen Schatten Kakaniens wird die Republik mit dieser Inszenierung allerdings nicht los. Aus dem Versuch der politischen Exkulpierung ist längst ein höchst erfolgreiches volkswirtschaftliches Geschäftsmodell geworden.

In den ersten Jahrzehnten nach 1945 wissen die Menschen aus eigener leidvoller Erfahrung, was auf dem Spiel steht, wenn die Politik versagt. Zunächst gilt es, ganz lebenspraktisch, für die Überlebenden Nahrung, Wohnraum und Energie sicherzustellen, sodann den Staat neu aufzubauen, und dies im wortwörtlichen wie im übertragenen Sinn. Eine Volkswirtschaft in Ruinen muss wieder ins Laufen gebracht werden, um den Menschen Brot und Arbeit zu geben. Als die schlimmste Not überwunden ist und Zuversicht wieder um sich greift, geht es schließlich darum, die Besatzung zu beenden. Dazu braucht es einen Staatsvertrag mit den vier Siegermächten. ÖVP und SPÖ bestehen diesen Härtetest und nutzen, wie die Republik als Ganzes, ihre zweite Chance.

Entscheidend ist, dass es nach 1945 gelingt, außer Streit zu stellen, worin die zentralen Interessen des Staats bestehen und welche Rolle dabei der Politik zukommt. Es ist dies eine Zeit für No-Nonsense-Mentalität an den Schalthebeln des Landes: Aus dem beinharten Ringen um die Macht ist noch kein Spiel geworden. Dafür steht, dessen sind sich die führenden Köpfe beider Lager einig, für Land und Menschen zu viel auf dem Spiel. Doch diese Überzeugung besitzt ein Ablaufdatum.

ALIBIPOLITIK

„Ich habe die Balkanroute geschlossen."[9]
Sebastian Kurz

„Wir bauen keinen Zaun, wie ihn Ungarn gebaut hat (...), sondern ein Türl mit Seitenteilen."[10] Werner Faymann

„Ich war der einzige in der SPÖ-Präsidiumssitzung nach dem Rücktritt von Kurz, der gegen eine Viererkoalition unter Beteiligung der FPÖ gewesen ist."[11] Hans Peter Doskozil

„Ich strebe überhaupt keine Koalitionsregierung mit dieser türkisen Partei an."[12]
Werner Kogler

„Mit dem heute angekündigten generellen Impfzwang überschreitet die türkis-grüne Bundesregierung eine dunkelrote Linie, wirft die Basis unserer Bundesverfassung über Bord und führt das Land eiskalt in eine Diktatur."[13] Herbert Kickl

Die Moderne beginnt als Erzählung von Selbstermächtigung und Anmaßung. Heute wird sie, was für eine tragische Volte, von vielen als Gefühl der Überforderung erlebt. „Overnewsed but underinformed", und das seit Jahrzehnten. Von der Politik erwarten sich trotzdem die meisten, dass sie das Steuerrad der ständigen Veränderung fest in Händen hält. Kein Wunder, bemüht sich die Politik doch nach Kräften, diesen Eindruck zu vermitteln. Dabei ist sie Getriebene der Entwicklungen von unten wie oben. Das ist keine Kritik, sondern das Ergebnis reiner Beobachtung. Natürlich verfügt Politik ungebrochen über erhebliche, teils sogar erstaunliche Gestaltungskraft, aber die Mühlen demokratischer Verfahren mahlen langsam, Veränderung ist ein Prozess vieler sehr kleiner Schritte. Das ist eine Stärke, die viele verfluchen. Zur Demokratie gehört, dass keine Mehrheit Entscheidungen trifft, die von einer neuen Mehrheit nicht wieder rückgängig gemacht werden können. Das mag in manchen Ohren skandalös klingen, ist aber die Voraussetzung dafür, dass die Minderheit ihre Niederlage bei Wahlen akzeptiert. Das ist ein elementarer Gedanke, den heute zu viele lieber nicht laut aussprechen, ja manche sogar ganz offen bestreiten.

Langsamkeit und Kleinteiligkeit von Politik erscheinen auch deshalb vielen Politikerinnen und Politikern als Zumutung. Jedenfalls erwecken sie in der Öffentlichkeit diesen Eindruck. Die Ankündigungen wachsen auf diese Weise in den Himmel und überdecken mithilfe der Medien die Mühen des echten Regierens. Behauptungen werden zum Ersatz für Fakten. Die oben angeführten Zitate ehemaliger und noch aktiver Spitzenpolitiker veranschaulichen dieses Muster. Ankündigungen und Behauptungen: Das ist der schwache Stoff, der Politik mit dem großen Rest der Gesellschaft verbinden will.

Die Wahrheit über die Mühen des Regierens gilt dagegen als unvermittelbar, ja als unzeitgemäß und hoffnungslos rückständig. Auch aus diesem Grund sind sämtliche Versprechen eines „neuen Regierens" so verführerisch, egal, aus welcher politischen Ecke sie kommen. Silicon Valley mit seinen Übermenschen ist kein Role Model für die selbstauferlegten Beschränkungen der liberalen Demokratie. Politik ist unverändert das starke langsame Bohren harter Bretter mit Augenmaß und Leidenschaft zugleich, wie es der Soziologe Max Weber vor mehr als hundert Jahren beschrieben hat. Dieses Zitat wird, zugegeben, inflationär gebraucht, vielleicht, weil die Realität von dieser Wahrheit nichts mehr wissen will. Die Politik scheint überzeugt, mit der Methode nicht mehr erfolgreich sein zu können. Also haben sich die Parteien auf Alibipolitik spezialisiert, wo das Erzählte reicht und nicht das Erreichte zählt. Alle großen Probleme, ob Klimaschutz, Pflege, Gesundheitsversorgung, Pensionen, Fachkräfte, Wettbewerbsfähigkeit, Bodenversiegelung, Migration, öffentliches Datenmanagement oder die Leistungskraft der Verwaltung, werden aufgeschoben, kleingeredet, im schlimmsten Fall schlicht ignoriert. Wirklich aktiv wird Politik erst, wenn die negativen Folgen für alle offensichtlich und der öffentliche Druck spürbar werden. Und selbst dann überwiegen oft noch inszenierte Scheinlösungen.

Österreich hat dieses So-tun-als-ob natürlich nicht erfunden, aber die hiesige Politik investiert seit Jahrzehnten einen erheblichen Teil ihrer üppigen Ressourcen in diese Disziplin. Die existenzielle Dimension des Politischen rückt in den Hintergrund, das Ringen um Wählerstimmen und Einfluss verkommt zum Spiel, das oft auch noch als Endkampf um die Zukunft angepriesen wird. Die Medien tragen das ihre zu dieser Wettbewerbslogik bei. Das hat zweifellos die Konkurrenz auf offener Bühne befeuert, von der das Land vor 1934 viel zu viel und nach 1945 zu lange zu wenig hatte. Die Dosis macht das Gift.

Schwer zu sagen, wann der Spieltrieb die Oberhand gewonnen hat. Einen festen Kipppunkt gibt es nicht, dafür aber Entwicklungen mit Signalcharakter. Etwa wenn sich in den 1970ern eine junge Garde von Sozialdemokraten im Allmachtsgefühl ihrer absoluten Mehrheit fasziniert um den Verführer, Blender und Entertainer Udo Proksch schart, der sich später als psychopathisch herausstellt und zum Vielfachmörder wird. Oder wenn die am Oppositionsschicksal verzweifelnde ÖVP in der für den Wirtschaftsstandort nicht ganz unwesentlichen Frage der Atomenergie plötzlich ihre Position umdreht; nicht, weil sie plötzlich deren Risiken neu bewertet, sondern allein, weil Bruno Kreisky seinen Verbleib im Kanzleramt 1978 mit dem Gewinn der Volksabstimmung über das AKW Zwentendorf verknüpft. Dass der rote „Sonnenkönig" trotz einer denkbar knappen Niederlage im Amt bleibt, mag ebenso einen Beitrag zum Spieltrieb leisten, zumal das Manöver aufgeht: Bei den Nationalratswahlen 1979 erreicht die SPÖ 51,03 Prozent, ein bis heute unerreichter Stimmenrekord.

Diese Episoden kündigen eine Zeitenwende an: Der Wiederaufbau ist geglückt, der Wohlstand steigt, in den Parteien beginnt eine Ära der kommunikativen Professionalisierung; und diese Profis haben mit den altehrwürdigen programmatischen Eckpfeilern ihrer Parteien immer weniger am Hut; künftig gilt fast alles als disponibel, solange es nur Stimmen bringt.

Echte Wucht entfaltet diese Entwicklung ab Mitte der 1980er Jahre, und es ist die FPÖ, die mit Abstand kleinste der drei Traditionsparteien, die dabei Richtung und Ton vorgibt. Heute ist längst vergessen, dass die Freiheitlichen einst „die" Europapartei waren. Im „Salzburger Bekenntnis" von 1964 verpflichtet sich die FPÖ, „die Einigung Europas zu fördern", weil „das Zusammenwirken von nationalem und europäischem Denken" die beste Garantie für die Zukunft Europas sei. Lange vor allen anderen tritt die FPÖ „nicht nur aus wirtschaftlichen Erwägungen für die Teilnahme Österreichs" an der Europäischen Wirtschaftsgemeinschaft ein, wie sich die EU damals nennt. Mit „Wir wollen den europäischen Bundesstaat" beginnt das Bad Ischler Programm von 1968 – heute ein aus dem Mund der FPÖ undenkbarer Satz. Noch Ende 1987, da ist Jörg Haider bereits Obmann, pochen die Blauen auf frühestmögliche Beitrittsverhandlungen und auch dem Beitrittsantrag von SPÖ und ÖVP von 1989 stimmen sie zu.

Die Kehrtwende erfolgt in den 1990ern. Die Freiheitlichen werden – damals noch Seite an Seite mit den Grünen – zu den entschiedensten

Kritikern der europäischen Integration Österreichs. Das Motiv ist rein parteipolitisch: Mit dem Beitritt verliert die FPÖ ihr Alleinstellungsmerkmal als Pro-Europa-Partei. Was einst allein Blau forderte, wollen jetzt auch Rot, Schwarz und schließlich sogar die Grünen. Dafür ist die Position des EU-Kritikers plötzlich verwaist. Das bietet neue Chancen: Immerhin steht ein gutes Drittel der Wählerinnen und Wähler dem EU-Beitritt skeptisch bis ablehnend gegenüber. Die FPÖ ist entschlossen, dieser Gruppe ein Angebot zu machen. Programmatik folgt Strategie.

Die parlamentarische Logik verlangt, dass alle relevanten Positionen Gehör und Stimme erhalten. Das gilt selbstredend auch für die Skeptiker des EU-Beitritts. Sehr wohl ein Problem ist, dass hinter der neuen Position der FPÖ kein inhaltliches Konzept steht. Mit der Kehrtwende sollen allein Stimmen gewonnen werden. Dies lässt sich zudem an der Bereitwilligkeit ablesen, mit der die FPÖ ihre Kritik an der EU bei Bedarf umstandslos an ihre machtpolitischen Interessen anpasst. Das war in den Regierungsprogrammen von 2000 und 2002 so, und dann wieder 2017, als der Koalitionspartner ÖVP jeweils auf einen prononcierten Pro-EU-Kurs pocht. Es ist legitim, für und auch gegen die EU zu sein, in den Details wie im Ganzen, doch die Frage der europäischen Integration der Republik ist zu wichtig, um sie wie eine Schachfigur nach Bedarf hin- und herzuschieben.

Mit der Neutralität verfährt die FPÖ genauso. „Finger weg von unserer Neutralität!" fordert im Februar 2023 FPÖ-Chef Herbert Kickl im Nationalrat. Der Krieg Russlands gegen die Ukraine gibt der Partei die Gelegenheit, sich einmal mehr als einsamer Verteidiger der Neutralität zu inszenieren. Dabei denken ÖVP, SPÖ und Grüne ohnehin nicht im Traum daran, die militärische Blockfreiheit auch nur zu hinterfragen. Allen ist klar, dass eine deutliche Mehrheit der Bevölkerung an der Neutralität nicht rütteln will. Dabei ist es ausgerechnet die Vorgängerpartei der FPÖ, die 1955 als einzige gegen den Beschluss des Neutralitätsgesetzes stimmt; und es sind erneut die Freiheitlichen, die bis zur Jahrtausendwende auf einen NATO-Beitritt pochen. Der spätere blaue Verteidigungsminister Herbert Scheibner spricht 1998 von einem „jämmerlichen Schauspiel" der rot-schwarzen Koalition in der Sicherheitspolitik. Da hat er recht, nur agiert seine eigene Partei um nichts besser. Nach 2001, da koalieren die Blauen erstmals mit der ÖVP, deren Obmann Wolfgang Schüssel kurz, sehr kurz, am Mythos der Neutralität kratzt, verabschiedet sich die FPÖ vom NATO-Beitritt. Die Partei wird zur glühenden Neutralitätsverteidigerin, obwohl sich ohnehin keiner traut, diese auch nur anzurühren.

Dabei hat sich der Rahmen für die Sicherheitspolitik durch das Ende der Ost-West-Konfrontation gründlich verschoben. Österreich nimmt sogar, wie andere blockfreie Staaten detto, am NATO-Programm „Partnerschaft für den Frieden" sowie am Euro-Atlantischen Partnerschaftsrat teil. Im Sommer 2023 gibt die Regierung unter dem Eindruck des Ukraine-Krieges die Teilnahme am europäischen Luftverteidigungssystem „Sky Shield" bekannt. Ein solcher Schritt sei mit der Neutralität vereinbar, wird beteuert. Dabei hat die Neutralität durch den EU-Beitritt innerhalb der Union ihren ursprünglichen Sinn verloren. Zwischen den EU-Staaten besteht eine Beistandsverpflichtung, doch wie Österreich diese Solidarität genau definiert, bleibt politisch völlig unerklärt.

Im Herbst 2019 wird die Rechnung für jahrzehntelange Versäumnisse fällig. Thomas Starlinger, Verteidigungsminister im Beamtenkabinett von Bundeskanzlerin Brigitte Bierlein, leistet den überfälligen Offenbarungseid: „Wir

haben ein Bundesheer, das nicht einsatzfähig ist."
Ein offizieller Bericht fasst das Versagen vieler Regierungen zusammen.[14] Die Kernaussage lautet: Der Schutz der Bevölkerung ist nicht mehr gewährleistet; falls das Bundesheer nicht sofort mit deutlich mehr Mitteln ausgestattet werde, sind dessen Fähigkeiten in zehn Jahren bei null. In Österreich braucht es eine politisch neutralisierte Beamtenregierung, um den Bürgerinnen und Bürgern die Wahrheit zuzumuten.

Der Ukraine-Krieg macht die Schweigespirale schmerzhaft sichtbar: Während Schweden und Finnland als Reaktion auf die neue geopolitische Realität ihre Blockfreiheit entsorgen und der NATO beitreten, wollen Österreichs Parteien nicht einmal über das Thema diskutieren. „Österreich war neutral, Österreich ist neutral, und Österreich wird auch neutral bleiben", dekretiert Bundeskanzler und ÖVP-Chef Karl Nehammer nur zwei Wochen nach Kriegsbeginn. Dabei wollte Nehammer doch nach eigener Auskunft ein Lernender sein. Mit seinem Basta-Standpunkt ist der Kanzler in trauter Gesellschaft: Die Politik weiß, dass es in der Bevölkerung keine Mehrheit für eine Abkehr von der Neutralität gibt. Das ist in einer Demokratie zu respektieren. Aber so ehrlich sollten alle Beteiligten schon sein, dass sie sich eingestehen, wie hier Geschichtsklitterung und Mythenbildung kräftig zusammengewirkt haben. Allein die Neos sind klein genug, um gegen den Strom zu schwimmen. Immerhin lassen sich die Medien das Diskutieren nicht verbieten. Anfang 2023 startet sogar eine Initiative mit der Forderung einer ergebnisoffenen Debatte über die sicherheitspolitische Rolle Österreichs in Europa jenseits des Trittbrettfahrers. Aller Anfang ist schwer. Nach Jahren des Kopf-in-den-Sand-Steckens wundert sich die Republik über die eigenen Versäumnisse und rätselt, wie es nur so weit kommen konnte. Scheinheiligkeit ist ein Fixpunkt in jedem Österreich-Katechismus.

Es ist das Bundesheer selbst, das im Landesverteidigungsbericht 2022 endlich Klartext von der Politik im Hinblick auf die Möglichkeit eines militärischen Angriffs auf einen EU-Mitgliedsstaat fordert. Expertinnen und Experten sind sich einig, dass ein solcher Angriff wohl auch einen militärischen Beitrag Österreichs zur Unterstützung erfordern kann. Im April 2023, also mehr als 400 Tage nach Beginn der russischen Invasion und am Tag nach Finnlands NATO-Beitritt – jener Schwedens verzögert sich aufgrund des türkischen Widerstands –, kündigen Kanzler Nehammer und Vizekanzler Werner Kogler an, die zehn Jahre alte Sicherheitsstrategie zu überarbeiten. Kein Tag zu spät: Nach offizieller Doktrin ist Russland noch immer ein strategischer Partner für die Sicherheit der Republik. Dagegen heißt es im Landesverteidigungsbericht 2022 nüchtern: „Der sich künftig verschärfende Konflikt NATO/EU mit Russland kann im Planungshorizont 2032+ auch das Territorium Österreichs treffen."

Geht es nach der Politik, soll die Neutralität trotzdem auch künftig den zentralen Bezugspunkt bilden. Dabei warnt das Bundesheer selbst in internen Berichten vor einem „Neutralitätsrisiko", das sich aus dem Spannungsfeld zwischen Bündnisfreiheit und europäischer Solidarität ergibt. Experten gehen sogar so weit, der Republik unverblümt die Strategiefähigkeit abzusprechen: Weder verfüge das Land über die Instrumente, Krisen frühzeitig zu erkennen und die Bedrohung zu analysieren, noch über Mittel, Strategien zu deren Abwehr zu erarbeiten. Das ist eine Generalabrechnung mit der Politik, doch eine öffentliche Aufarbeitung bleibt aus. Wölfe, Bären, Grenzkontrollen und E-Fuels erzeugen bei den politischen Verantwortlichen deutlich mehr Interesse, während in Europa ein Krieg tobt.

Wenn die Republik doch über Sicherheit und Verteidigung diskutiert, dann endet es in einem peinlichen Fiasko. Das zeigt die Farce um die Forderung der SPÖ nach Abschaffung des Wehrdiensts. Ausgerechnet die SPÖ! Dabei ist das Prinzip der allgemeinen Wehrpflicht seit den Tagen des Bürgerkriegs 1934, als ein Berufsheer im Kampf gegen die Sozialdemokratie eingesetzt wurde, ein ehernes Dogma. Über Sinn und Unsinn einer allgemeinen Wehrpflicht könnte man spannend und mit offenem Ausgang diskutieren. Doch die SPÖ will 2010 lediglich ein Thema für den Wiener Wahlkampf hochziehen. Am Ende erteilen die Wähler den Plänen eine Abfuhr, aber auch nur, weil die ÖVP, die einem Berufsheer lange zugeneigt ist, nun auf die Wehrpflicht setzt, um den Zivildienst zu retten. Hier stößt, leider nicht zum ersten Mal, Ignoranz auf Opportunismus.

Das ist der Boden, auf dem der Mythos der Neutralität als Garant für die Sicherheit des Landes gedeiht. Dass der Beschluss der Neutralität 1955 ein Zugeständnis an die Sowjetunion im Gegenzug für den Staatsvertrag ist, haben wir erfolgreich verdrängt. Kreiskys Geschick und das Glück günstiger Umstände – der Kalte Krieg erwärmt sich damals zum Tauwetter –, heben

Österreich mithilfe der Neutralität auf die große Bühne. Eine echte, das heißt im Notfall umsetzbare Sicherheitsstrategie existiert allenfalls auf dem Papier. Dieser Opportunismus bleibt nicht ohne Folgen. Laut einer Studie im Auftrag der Landesverteidigungsakademie vom Herbst 2020 stimmen nur 18 Prozent völlig und weitere 28 Prozent teilweise der Aussage zu „Für seine Sicherheit sollte Österreich vor allem allein sorgen". Dagegen sind 74 Prozent überzeugt, dass im Falle eines Angriffs auf Österreich die anderen EU-Staaten uns trotz unserer Neutralität militärisch unterstützen sollten. Umgekehrt sind jedoch nur 30 Prozent der Ansicht, dass Österreich militärische Hilfe leisten sollte, falls ein EU-Staat angegriffen wird. Die Politik hat Trittbrettfahren zur offiziellen Sicherheitsstrategie der Republik erhoben, und – quelle surprise – die Mehrheit der Bürgerinnen und Bürger findet das ganz wunderbar.

Die wichtigsten nationalen Interessen bilden das Fundament der Außenpolitik jedes Staates. In Österreich gilt das nur eingeschränkt. EU-Mitgliedschaft, die enge wirtschaftliche Anbindung an Deutschland, die Westbindung und das Engagement am Balkan sind das Spiegelbild dieser Interessen. Die engen Beziehungen zu Russland zwecks billiger Energie erweisen sich heute als

Holzweg. Doch davon abgesehen dient die Außenpolitik den Parteien bloß als zusätzliche Spielwiese, um sich auf dem Feld der Innenpolitik kurzfristige Vorteile zu verschaffen. Das gilt mittlerweile seit Jahrzehnten für den Umgang mit der Türkei, zu der die Beziehungen erst in jüngster Zeit wieder normalisiert wurden, das Veto gegen den Schengen-Beitritt Bulgariens und Rumäniens oder gegen das Handelsabkommen Mercosur der EU mit Südamerika. Keine österreichische Besonderheit sind dagegen billige Punkte durch Rempler in Richtung Brüssel.

Die grassierende öffentliche Gesprächsverweigerung lässt im Gegenzug seltsame Teil- und Nischenöffentlichkeiten sprießen. Wenn aus diesen einmal etwas an die Öffentlichkeit dringt, sei es aus Zufall oder gezielt verbreitet, ist das Staunen über die jenseitigen Geschichtsbilder, sinistren Verschwörungstheorien und da und dort sogar ausgewachsenen Dummheiten groß. Dafür sind in diesem Land sämtliche Lager anfällig, gerade was die Vergangenheit angeht. Insbesondere die FPÖ sucht seit ihrer Gründung nach einer wasserdichten Trennlinie zu Verharmlosungen der NS-Ära. Aber auch in der ÖVP halten sich hartnäckig Probleme bei der Einordnung des Dollfuß-Regimes, während die SPÖ inmitten des Ukraine-Kriegs und einem episch-blamablen Kampf um die Parteiführung den unfallfreien Kurs jenseits von Marxismus und schwelendem Anti-Amerikanismus sucht.

Erst verweigert Ende März 2023 mehr als die Hälfte der roten Abgeordneten die Anwesenheit bei der Videorede des ukrainischen Präsidenten Wolodymyr Selenskyj im Parlament; dass die FPÖ aus Protest gegen die Unterstützung für Kiew geschlossen den Plenarsaal verlässt, macht die Sache nicht wirklich besser. Dann werden im Duell um den SPÖ-Vorsitz zwischen Andreas Babler und Hans Peter Doskozil Zitate aus 2020 bekannt, in denen der prononciert linke Bürgermeister Traiskirchens die EU als „imperialistisches Projekt", „schlimmer als die Nato" und überhaupt als das „aggressivste militärische außenpolitische Bündnis, das es je gegeben hat", bezeichnet. Konfrontiert mit massiver Kritik verwehrt sich Babler lediglich gegen „semantische Spitzfindigkeiten" und beteuert, keinen EU-Austritt anzustreben. Kein Satz des Bedauerns, geschweige denn Irrens. Auch nicht, als der Schock des Abstimmungsfiaskos am Parteitag, wo mit Doskozil der falsche Sieger ausgerufen wird, längst verdaut sein müsste.

Für ein abschließendes Urteil über die neueste Zukunftshoffnung der Sozialdemokratie ist es dennoch zu früh. Spätestens bei den regulär für Herbst 2024 angesetzten Nationalratswahlen wird sich zeigen, aus welchem Holz der Neue politisch geschnitzt ist.

Dass aus den Untiefen der heimischen Innenpolitik regelmäßig solche inhaltlichen Seltsamkeiten, die auch Jenseitigkeiten umfassen können, hochkommen, ist eine Konsequenz der anhaltenden Diskursverweigerung. Statt öffentlich zu debattieren, igeln sich die Parteien in inhaltlich homogene, dafür aber nach außen abgeschottete Klein- und Kleinstgruppen ein. In solchen Milieus gedeihen Parallelwelten, die leicht den Anschluss an die Wirklichkeit verlieren. Siehe oben.

Doch zurück zum Spieltrieb der Parteien. Dass diesem auch bei zivilen Säulen des Sicherheitsgefüges keine Grenzen gesetzt sind, zeigt der Fall des Bundesamts für Verfassungsschutz (BVT). So hieß bis 2021 der beim Innenministerium angesiedelte Inlandsgeheimdienst. Hier werden in enger Zusammenarbeit mit internationalen Partnern die Umtriebe von potenziellen Staatsgefährdern aller Art beobachtet: Neonazis, Reichsbürger, Islamisten, Linksradikale. Dabei hängt dem BVT schon länger ein schlechter Ruf an. Das Innenministerium gilt bis 2000 als rote Hochburg, von da an da färbt die ÖVP das Ressort konsequent um. Ab 2017 kursiert ein anonym verfasstes Konvolut, in dem schwere Vorwürfe gegen das BVT erhoben werden, doch die Ermittlungen verlaufen im Sand. Mit dem Aufstieg Kickls zum Innenminister ab Dezember 2017 eskaliert die Sache. Der FPÖ-Politiker will Zugriff auf die schwarze Erbpacht des BVT und dessen heikle Informationen. Ende Februar 2018 marschieren – ein beispielloser Vorgang – Beamte der Einsatzgruppe zur Bekämpfung der Straßenkriminalität, deren Leiter eine besondere Treue zu Kickl nachgesagt wird, auf Anordnung der Staatsanwaltschaft für Wirtschaftskriminalität und Korruption in das BVT. Dort durchkämmen sie Büros und beschlagnahmen zahlreiche Dokumente, darunter hochsensible Informationen.

Die Hausdurchsuchung wird später vom Oberlandesgericht für rechtswidrig erklärt. Doch der Schaden ist angerichtet. Heikle und für die Sicherheit des Landes relevante Dokumente finden über einen Untersuchungsausschuss des Parlaments den Weg an die Öffentlichkeit. Österreichs Verfassungsschutz, dessen Vertrauenswürdigkeit schon zuvor schwer ramponiert war, ist nun international unten durch. Ein sicherheitspolitischer Totalschaden für die Republik. Ermöglicht, befördert und betrieben von Politikern und Beamten, die über Jahre ihr eigenes Spiel auf dem Rücken jenes Staats spielen, dem sie durch Eid verpflichtet sind.

Was bis heute fehlt: Eine Aufarbeitung dieser Affäre, die auch dem Zusammenspiel zwischen dem FPÖ-geführten Innenministerium und den Justizbehörden nachgeht, das am Ende zur Hausdurchsuchung geführt hat, die im Nachhinein für unzulässig erklärt wird. Bis es so weit ist, probt der Operettenstaat seine neue Rolle als Bananenrepublik.

Den Ruf Österreichs als hervorragender Beamtenstaat hat die Politik abgewrackt. 1974 schreibt Jörg Mauthe seinen fantastischen Roman „Die große Hitze"[15]: Es dreht sich, heute topaktuell, um einen Hitzenotstand, um Zwerge, die sich in den Bergen verstecken, und um anderes sonderbares Personal. Rettung bringt am Ende der höhere Geist und die besondere Einsicht des austriakischen Beamtentums. Der ironische Roman hatte einen wahren Kern. Österreich, das war einst nicht nur ein Paradies für seine, sondern auch durch seine Beamten. Davon ist heute allein die bürokratische Vorschriftenflut in allen Lebensbereichen übrig.

Der Qualitätsverlust in Alltagsangelegenheiten wie in der Hochbürokratie bleibt einer größeren Öffentlichkeit lange verborgen. Erst die Pandemie entlarvt die Erzählung von einer gut, zuweilen sogar hervorragend verwalteten Republik als Märchen. Der Kampf gegen das Coronavirus legt die Mängel im System und an den Schnittstellen brutal offen: Durch den pandemischen Ausnahmezustand irrt das Land die längste Zeit im Blindflug. Nicht nur, weil es sich um ein neues, noch weitgehend unerforschtes Virus handelt, sondern weil Politik wie Verwaltung keinen Zugriff auf wesentliche Informationen haben, etwa die Zahl der täglich verfügbaren Intensiv-, Normal- und Pflegebetten. Wichtige Gesundheitsdaten werden nicht erhoben, und wenn doch, dann in jedem Bundesland anders. Mitverantwortlich hierfür ist das in der Kompetenzordnung der Republik festgeschriebene Chaos im Gesundheitswesen zwischen Bund, Ländern und Sozialversicherung. Auch der Versuch, eine Contact-Tracing-App nach internationalem Vorbild zu etablieren, endet in einer Blamage. Zudem erweist sich die Legistik, also die Kunst, in sich schlüssige, verständliche und verfassungskonforme Gesetze und Verordnungen zu erlassen, als Baustelle: Massive Grundrechtseingriffe werden spät, mitunter sogar erst im Nachhinein und voller Fehler kundgemacht; etliche erklärt das Höchstgericht im Nachhinein für verfassungswidrig.

Erst als die Pandemie bereits am Abflauen ist, wird ein gesamtstaatliches Gremium für die Krisenkoordination eingerichtet, doch auch dieses entpuppt sich als Enttäuschung. Österreich verfügt über keine Tradition und deshalb auch keine Kultur der Zusammenarbeit zwischen Wissenschaft, Politik und Verwaltung. Die Möglichkeiten der Digitalisierung machen diesen Umstand noch augenfälliger.

Die Republik hat ein Datenproblem, ein massives noch dazu, und längst nicht nur im Gesundheitswesen, sondern querbeet. Österreich muss in der Pandemie, in der Energie- und Teuerungskrise nicht nur deshalb so große Summen an Steuergeld aufwenden, weil es der objektiven Not oder dem subjektiven Willen der Regierung entspricht, sondern weil schlicht die Daten fehlen, um Finanzhilfen ziel- und bedarfsgerecht auszuzahlen. Um etwa zwischen Haushalten zu unterscheiden, die Hilfe benötigen, und solchen, die die Mehrbelastung verkraften können, müssten Wohnadressen und Finanzamtsdaten verknüpft werden. Doch eine solche Schnittstelle existiert nicht. Die Gießkanne kommt daher auch dann zum Zug, wenn die Regierung anderes vorziehen würde – eine zugegeben eher weltfremde Hypothese. Österreich sammelt massenhaft Daten von Bürgerinnen und Bürgern wie Unternehmen, doch wir sind unfähig, diese Informationen nutzbringend zu verknüpfen.

Der im Frühjahr 2023 präsentierte Bericht des Rechnungshofs zum Corona-Management kommt entsprechend einer Generalabrechnung gleich. Trotzdem – oder deshalb? – fehlt eine strukturierte Aufarbeitung der Pleiten und Pannen im öffentlichen Krisenmanagement. Was es gibt, sind Rufe nach einem Untersuchungsausschuss im Nationalrat, um dort Türkis-Grün öffentlichkeitswirksam ans Kreuz zu nageln. Das kann man schon machen, doch mindestens so notwendig wäre ein strukturierter Prozess, der nach systemischen Defiziten fahndet – mit dem Ziel, die staatlichen Institutionen für kommende Megakrisen zu wappnen. Die Regierung hat ein solches Unterfangen zwar angekündigt, doch Zweifel sind nach den bisherigen Erfahrungen mehr als nur angebracht: Erstens stehen Wahlen vor der Tür; und warum sollte, zweitens, die aktuelle Politik helfen, ihren Nachfolgern ein besseres Regieren zu ermöglichen? Politik ist schließlich für die Parteien da, nicht für die Menschen.

Was hierzulande unter „Aufarbeitung“ verstanden wird, macht das im März 2023 präsentierte schwarz-blaue Arbeitsübereinkommen für Niederösterreich deutlich. Dieses sieht auf Drängen der FPÖ einen Corona-Entschädigungsfonds über 30 Millionen Euro vor, aus dem unter anderem auch Verwaltungsstrafen für Verstöße gegen Corona-Maßnahmen rückerstattet werden sollen, die das Höchstgericht später kassiert hat. Dass das rechtlich auf Landesebene kaum umsetzbar sein dürfte, wird von den Verantwortlichen hingenommen. Ihnen geht es einzig um das Signal, das von einer solchen Behauptung ausgeht. Und prompt findet das auch die wahlkämpfende Salzburger SPÖ eine wunderbare Idee. Symbolische Siege sind der Politik die liebsten.

Die Defizite der Verwaltung sind unter Eingeweihten längst bekannt. Nur die Verantwortlichen schauen lieber weg. Gehandelt wird erst, wenn es zum allgemeinen Aufschrei kommt. So wie etwa im Falle der unhaltbaren Zustände bei der Wiener Magistratsbehörde für Staatsbürgerschaften und Aufenthaltstitel: Im Sommer 2021 wird öffentlich, dass die dortigen Beamtinnen und Beamten Antragstellende schikanieren, während der Dienstzeit das Telefon blockieren und sogar gesetzliche Bestimmungen willkürlich auslegen. Zu wenig Personal für zu viel Arbeit erklärt diese Verhältnisse nur zum Teil; für solche Zustände braucht es neben eklatantem Führungsversagen zusätzlich den Unwillen der Mitarbeiter, ihre Pflicht zu erfüllen. Auch in Wien ist nicht alles so wunderbar, wie es die Stadt massenhaft inseriert.

Zur Geschichte des Niedergangs der Verwaltung gehört, dass Maßnahmen, die zu einer Verbesserung hätten führen sollen, tatsächlich die Qualität verschlechtern. Sektionschefinnen und Sektionschefs nur noch auf fünf Jahre zu bestellen, hat den Widerspruchsgeist der Spitzenbeamtenschaft gegenüber der politischen Führung eher nicht beflügelt – demnächst könnte ja der eigene Job zur Verlängerung anstehen. Falls die Meinung der Beamten überhaupt bis zur Ressortspitze vordringt. Es gibt Ministerien, deren Kabinette viel Aufwand betreiben, um die persönlichen Kontakte zwischen der politischen Führung und den Fachbeamten auf ein Minimum zu beschränken. Warum? Weil es den Einfluss des Kabinetts stärkt.

Auch das Beamtendienstrecht, das eigentlich Schutz vor politischer Willkür bietet, schützt nicht vor dem Opportunismus von Karrieristen und Parteigängern in den Amtsstuben. In Österreich wechseln Mitarbeiter aus den Kabinetten oft nach wenigen Jahren direkt in Leitungspositionen der Verwaltung. Die kontinuierliche Unterwanderung der Verwaltung durch parteipolitisch motivierte Postenbesetzungen trägt maßgeblich zum schleichenden Kompetenzverlust bei. Laut einer Masterarbeit von 2018 haben 39 von 67 Sektionschefinnen oder Sektionschefs davor in einem Ministerbüro gearbeitet.[16]

Politik hat immer schon Vertrauensleute in die Verwaltung gehievt. Die Trennlinien zwischen Parteien und Staat sind in Österreich gewohnheitsmäßig durchlässig und schwammig. Ganze Ebenen, sei es ein Bundesland oder eine Gemeinde, sei es eine Behörde, fühlen sich wie das wohlerworbene Eigentum einzelner Parteien an. Eine jüngere Entwicklung ist, dass die Kabinette quer durch alle Regierungsparteien nicht nur immer größer, sondern auch jünger werden. Entsprechend jung wird später direkt in die Top-Verwaltung gewechselt.

Ein solches Vorgehen, über Jahre praktiziert, prägt, und zwar die Personalpolitik im Einzelnen wie die Arbeit der Verwaltung im Gesamten. Vor allem aber hält es qualifizierte Menschen ohne politisches Netzwerk ab, in die Verwaltung zu wechseln. Gleichzeitig zeigt sich darin ein weiterer Megatrend unserer Zeit: der grassierende Prestigeverlust der Parteien in immer breiteren Schichten. Ihr sinkendes Ansehen macht es für die Parteien schwer, hochqualifiziertes und gleichzeitig loyales Personal zu rekrutieren.

Die Frage stellt sich, was Minister und Ministerinnen überhaupt zum Ministersein qualifiziert. Die Themen werden komplexer und die Aufgaben anspruchsvoller. Beides verlangt nach klugen wie besonnenen Köpfen. In Österreich vertrauen die Parteien bei der Auswahl und Betreuung der Nachwuchsarbeit zusehends auf Loyalität, Glück und Zufall, wo es doch professionelle Strukturen und strategische Begleitung bräuchte. Doch von Letzteren ist in den großen Parteien nichts zu erkennen.

Wer Ministerin, wer Minister wird, entscheidet sich deshalb meist nach regionalen oder sonstigen parteiinternen Kriterien und das oft genug erst kurz vor der Angelobung einer neuen Regierung. Wenn die Wunschkandidatin oder der Wunschkandidat das Telefon nicht abhebt oder aus anderen Gründen so kurzfristig nicht zur Verfügung steht, kommt eben die zweite oder dritte Wahl zum Zug. Die Muster sind bei den meisten

Parteien ähnlich, selbst bei den absoluten Spitzenjobs: Karl Nehammer wurde ÖVP-Obmann und Kanzler, weil Sebastian Kurz zurücktreten musste und Alexander Schallenberg scheiterte; die Top-Medizinerin Pamela Rendi-Wagner wurde von ihrem Vorgänger Christian Kern als Gesundheitsministerin erfunden und als SPÖ-Vorsitzende durchgedrückt, obwohl sie erst kurz zuvor der Partei beigetreten war. Nun ist auch die erste Frau an der Spitze der SPÖ schon wieder Geschichte und mit Andreas Babler ein linker Flügelspieler der neue Chef. Eine geschickte Unterstützerkampagne via Social Media und sein rhetorisches Talent haben ihn zunächst in der Mitgliederbefragung auf Platz zwei und mithilfe der anschließenden Kampfabstimmung am Parteitag schließlich zur neuen roten Nummer eins gemacht. Das alles ist der SPÖ unabsichtlich widerfahren, die vermeintlich Mächtigen in der Partei hatten – nicht zum ersten Mal – ganz andere Pläne.

Bei der FPÖ hätte Norbert Hofer die Nachfolge von Heinz-Christian Strache antreten sollen, doch auch er verlor den internen Machtkampf, weshalb heute Herbert Kickl für die FPÖ das Kanzleramt anpeilt. Bei den Grünen erbarmte sich Werner Kogler 2017 nach dem Rauswurf aus dem Nationalrat und übernahm den verwaisten Vorsitz. Allein bei den Neos erweckte die Übergabe von Parteigründer Matthias Strolz an Beate Meinl-Reisinger im Jahr 2018 den Eindruck, zumindest rudimentär koordiniert gewesen zu sein. Die Bundesländer stehen, was die strategische Personalplanung der Parteien angeht, zumindest um einen Hauch besser da. Den Bund hier zu toppen, wäre zugegeben recht schwierig.

Wenn die Parteien so weiter machen, personell und programmatisch, wird es ein böses Erwachen geben. Politik ist ein Handwerk, das beherrscht sein will. Was andernfalls droht, ist, um Clemens Jabloner, den ehemaligen Präsidenten des Verwaltungsgerichtshofs und kurzzeitigen Justizminister im Beamtenkabinett Bierlein, zu paraphrasieren, nicht nur die Selbstverblödung des Staates, sondern auch seiner Parteien. Jede Demokratie – und die österreichische besonders – benötigt Profis für das politische System. Diese stehen derzeit – und schon seit Jahren – nicht in ausreichendem Ausmaß und Qualität zur Verfügung.

Die Politik muss einen Weg aus der negativen Selektionsspirale finden. Dazu gehört, anders über Politik zu diskutieren und zu streiten. Entweder es ziehen wieder Respekt und grundsätzliche Wertschätzung in die Debatte und den Umgang mit Politikern ein, oder die Politik verabschiedet sich aus der Mitte der Gesellschaft. Mit allen damit einhergehenden Folgen. Über die Rolle der Medien in diesem Zusammenhang wird im nächsten Kapitel zu sprechen sein.

Selbstverblödung ist auch ein gutes Stichwort, wenn es um Migration geht. Die Frage, ob und, wenn ja, wie viele und welche Menschen aus welchen Regionen der Welt zu uns kommen – und kommen sollen dürfen –, ist über Jahrzehnte gezielt emotional aufgeladen worden. Das nutzt zwar allen Seiten bei Profilierung und Mobilisierung, macht aber sachgerechte Antworten auf ein Thema, das viele Menschen umtreibt, noch schwieriger. Wertfrei betrachtet ist Österreich ein Einwanderungsland. 2021 weisen laut Statistik Austria rund 2,24 Millionen Personen oder 25,4 Prozent der Gesamtbevölkerung einen Migrationshintergrund[17] auf, das entspricht einem Plus von rund 430.000 oder 24 Prozent im Vergleich zu 2014. Ohne Zuwanderung würde die Bevölkerungszahl längst schrumpfen – mit allen damit verbundenen Problemen für Arbeitsmarkt, Wirtschaftswachstum, Pflege und Pensionen. Und Österreich benötigt weiterhin qualifizierte Zuwanderung, um das Wachstum am Laufen und die dringend nachgefragten Stellen im Gesundheitsbereich und bei Facharbeitern zu besetzen. Ausbilden allein reicht nicht.

Funktionierende Antworten der Politik muss man allerdings mit der Lupe suchen. Viel lieber streiten die Parteien über nicht umsetzbare Maßnahmen gegen die irreguläre Migration. Nicht wenige finden, dass das Thema am besten überhaupt beschwiegen werden sollte, weil es angeblich nur der FPÖ und deren Träumereien von einer „Festung Österreich" nutze. Das ist eine gewagte Schlussfolgerung angesichts der objektiv vorhandenen Herausforderungen. Unvernunft aus Prinzip und, hoffentlich zumindest, wider besseres Wissen.

Das Thema ist zugegeben nicht nur kompliziert, sondern emotionalisiert. Für die einen breitet die Republik die soziale Hängematte für Flüchtlinge aller Herren Länder aus, andere fühlen sich beim Umgang mit Asylwerbern an dunkle Zeiten erinnert. Mit der Wirklichkeit hat weder der eine noch der andere Blick etwas zu tun: Fakten und realistische Handlungsräume vor Ort, an den nationalen Grenzen und in Brüssel stören nur. „Wenn Sie sich fragen, welches Land der Welt pro Kopf am meisten positive Asylentscheidungen getroffen hat, dann ist die Antwort:

Österreich." Das sagt im August 2022 nicht die PR-Abteilung des ÖVP-geführten Innenministeriums (wobei die Volkspartei diese Tatsache vor der FPÖ und den eigenen migrationskritischen Wählern ohnehin lieber unerwähnt lässt), sondern der Migrationsforscher Gerald Knaus. Wer ausschließlich die marktschreierischen Debatten samt deren medialer Begleitmusik verfolgt, gewinnt eher einen gegenteiligen Eindruck.

Das hängt mit der Energie zusammen, die die Parteien in die Inszenierung gegensätzlicher (Alb-)Traumwelten investieren. Diese Paralleluniversen eint, dass sie mit den rechtlichen, politischen und ökonomischen Notwendigkeiten wenig bis gar nichts gemeinsam haben. Die strikte Trennung der Themen Asyl und Zuwanderung bleibt ein Wunschtraum, eine sachliche Debatte samt rationalen Entscheidungen eine Illusion. Das alles nur, weil symbolisch aufgeladene Spiegelfechterei billiger zu haben ist als nüchterne Sachpolitik.

BEITRAGSTÄTER

„Nichts ist hier so selten wie ein klarer Gedanke und der Sinn für Proportionen.“[18]

Diese Diagnose des Physikers und Philosophen Rudolf Burger aus dem Jahr 1999 hat nichts an Gültigkeit eingebüßt. Der Konjunktiv ist Österreichs natürlicher Bewusstseinszustand, wie bei den beiden Alten auf der Grazer Parkbank anno 1918. Dass Ludwig Wittgenstein, dieser zwanghaft exakte Denker und Logiker, ausgerechnet Österreicher war, ist von höherer Ironie. Sein Ziel war es, die Philosophie mittels formaler Strenge an die sprachlichen Anforderungen von Unsinn und Verwirrung zu reinigen. Was den Zustand der Öffentlichkeit angeht, ist er damit in seiner Heimat grandios gescheitert. Objektivität ist hier aus Prinzip rein subjektiv, die Wirklichkeit primär ein Gefühl, Forderungen wie Versprechen verharren im Ungefähren und selbst Zusagen sind bis zum Beweis des Gegenteils unverbindlich.

Immer mehr Menschen mögen sich von der Politik abwenden, doch die Bindungen eines mehr als hundertjährigen Parteienstaats lassen sich nicht so leicht abwerfen. Selbst dann nicht, wenn die einst prägenden Kräfte nur noch ein Schatten ihrer selbst sind. Ob jemand aus einem roten, schwarzen oder blauen Elternhaus stammt, die politische Sozialisation bei der Landjugend, den Roten Falken, den Demonstrationen für die Hainburger Au oder gegen das AKW Zwentendorf, bei schlagenden Burschenschaften oder dem katholischen Cartellverband erfolgt: Solche Details ersetzen in dieser Republik weit mehr als tausend Worte. Es ist fast wundersam, wie viele diametral entgegengesetzte Wirklichkeiten auf so engem Raum nebeneinander blühen können. Österreich, das ist vieles zugleich: die Schande Europas und Europameister bei der Aufnahme von Flüchtlingen, funktionierender Rechtsstaat und Spielwiese für Möchtegern-Orbans, das Land der Sozialpartnerschaft, um die uns streikgeplagte Nachbarländer beneiden, und ein Parteienstaat, in dem jede Seite der anderen das Schlimmste unterstellt.

Mit Fakten lassen sich diese Gegensätze nicht auflösen, eben weil sie zur Hauptsache von Gefühlen angetrieben werden. Kritik muss hierzulande, wenn sie gehört werden will, laut und brachial sein, am besten: noch lauter und noch brachialer. Schüsse über das Ziel hinaus sind kein Hoppala, sondern Kalkül.

Die Wut über die Zustände kann enorme Wucht entfalten. Davon profitieren, wie die Geschichte zeigt, die Extreme und die Kunst. Karl Kraus' so wütende wie geniale Abrechnung mit der Monarchie und der Dummheit ihrer Eliten in „Die letzten Tage der Menschheit" präsentiert ein Kaleidoskop der Unfähigen, Boshaften und all der armen Teufel, die deretwegen ins Unglück stürzen. 70 Jahre später und unter Umständen, die mit jener der Ära von Karl Kraus so gut wie nichts mehr gemeinsam haben, wird ein als Zitat nicht mehr zuordenbares Punschkrapfen-Bonmot über Kärnten – „außen rot, innen braun und immer ein bisschen betrunken" – zum Synonym für die angebliche österreichische Mentalität. Auch diese Polemik ist selbstredend typisch österreichisch. Die Uraufführung von Thomas Bernhards „Heldenplatz" am Burgtheater 1988 artet zu einer eines Operettenstaats würdigen Staatsaffäre aus; Sätze wie „Österreich selbst ist nichts als eine Bühne/ auf der alles verlottert und vermodert und verkommen ist/ eine in sich selber verhaßte Statisterie von sechseinhalb Millionen Alleingelassenen/ sechseinhalb Millionen Debile und Tobsüchtige/ die ununterbrochen aus vollem Hals nach einem Regisseur schreien" erregen mehr als nur die halbe Republik. Sehr zur Freude der Theatermacher.

Immerhin: In Wien schafft es die Kultur bisweilen bis heute, Politik, Medien und brave Bürger in Rage zu versetzen. Wo sonst gibt es das noch? In den 1960ern arbeitet sich der Wiener Aktionismus an der fehlenden Aufarbeitung der NS-Zeit ab. Die Werke von Thomas Bernhard, Elfriede Jelinek, Josef Winkler, Josef Haslinger und etlichen anderen spinnen diesen Faden fort.

Dabei hat die Republik unmittelbar nach 1945 sehr wohl Verbrechen wie Verbrecher streng verfolgt: Es gibt 13.607 Schuldsprüche, darunter 43 Todesurteile, von denen 30 vollstreckt werden, das Verbotsgesetz und den Ausschluss der Belasteten von den Wahlen 1945. Das ist nicht Nichts. Doch ab 1949, als fast eine halbe Million NS-Mitläufer wieder das Stimmrecht erhalten, setzt das Schweigen und Verleugnen ein. Lieber ein paar Hunderttausend Stimmen mehr als ein sauberer Umgang mit der eigenen Vergangenheit. Kunst und Künstler reagieren auf ihre Weise: Seitdem sehen Romane, Theaterstücke, Essays und Gedichte das Land in den Klauen ewig gestriger Nazis und katholischer Austrofaschisten, korrupter Biedermänner und Operetten-Diktatoren.

Hat dieses Anschreiben gegen die Zustände etwas bewirkt, also über die rein künstlerische Ästhetik hinaus? Wenn es das Ziel gewesen sein sollte, die FPÖ zu verhindern, dann mit Sicherheit nicht. 2023 steht die Partei einmal mehr auf Platz eins in sämtlichen Umfragen, wie schon 1999 und erneut 2014 und 2016. Immerhin: Bei Wahlen ist die FPÖ noch nie zur stärksten Kraft geworden; doch was nicht ist, kann noch werden. Zwischen ihren Höhenflügen hat sich die Partei bisher verlässlich selbst in die Luft gesprengt und wurde anschließend von den professionellen Auguren für erledigt erklärt, nur um wieder steil nach oben zu steigen. Möglich, dass Österreich in einer endlosen Zeitschleife festhängt. Dagegen spricht, dass Kickl weder über das Charisma Haiders noch über die Leutseligkeit Straches verfügt, dafür mehr strategisches Talent besitzt als beide zusammen. Die Erfahrung zeigt: Auf dem Schlachtfeld der Gefühle haben die Freiheitlichen gegen die Konkurrenz die Oberhand. Man wundert sich, warum die anderen ihr Glück nicht mit konkreter Politik versuchen. Vielleicht, weil niemand mehr dieses Handwerk beherrscht? Ein schrecklicher, aber keineswegs ausgeschlossener Gedanke.

Der Hang zu Übertreibung und Drama ist ein Erbe des Barock. Diese goldüberladene Überwältigungskunst der Gegenreformation schmückt fast jeden Platz, jeden Dom und jede Dorfkirche – und drückt eben auch den öffentlichen Debatten ihren Stempel auf. Rhetorische Überwältigung lautet das Ziel, und die erreicht man nicht mit rationalen Argumenten oder Hinweisen auf die real existierende Wirklichkeit. „Ich bin immer wieder verwundert von den Sorgen über Österreichs Demokratie", sagt der Politologe Anton Pelinka zu dieser typisch österreichischen Tradition des Alarmismus. „Unsere Demokratie ist so stabil wie nie zuvor, gekennzeichnet von freien und fairen Wahlen. Auch drei Regierungsbeteiligungen der FPÖ haben daran nichts geändert. Im Gegenteil: Es ist immer besser geworden. Das muss nicht so weitergehen, aber bisher war es eben so. Auch die angeblich zur großen Staatskrise hochgeschriebene ‚Ibiza-Affäre' samt Abwahl der Regierung wurde mit großer Selbstverständlichkeit nach den Spielregeln der Verfassung abgearbeitet."[19]

Der Bürgerkrieg ist genauso Geschichte wie der Aufstieg der Nazis zur Macht. Kein Moment der vergangenen Jahrzehnte, wie besorgniserregend er auch gewesen sein mag, erinnert nur im Entferntesten an die Ereignisse von 1927, 1933 oder 1934. Gott sei Dank.

Ohnehin bringen Alarmismus und Empörung niemanden irgendwohin, trotzdem sind sie allgegenwärtig. Ein Mini-Beispiel zeigt diese sich ständig wiederholende Dynamik: 2022 stuft das Ranking „Varieties of Democracy" der Universität Göteborg Österreich von einer liberalen Demokratie zur bloßen Wahldemokratie herab. Das sorgt für einen Aufschrei und alarmierte Schlagzeilen, zu gut passt diese Nachricht in die Erzählung vom lang vorbereiteten Umbau der Republik ins Autoritäre unter Türkis-Blau. Die angeblichen Ursachen sind schnell aufgezählt: strukturelle Korruption, fehlendes Informationsfreiheitsgesetz, mangelnde Transparenz bei der Parteienfinanzierung, politischer Druck auf die Justiz, öffentliche Inserate für gefügigen Journalismus etc. Österreich sei nur noch „minimal demokratisch" titelt Puls24, Hans Rauscher fragt sich im „Standard", ob Österreich eine „zweitklassige Demokratie" sei, und im „Kurier" fordert Fritz Plasser, graue Eminenz der heimischen Politikwissenschaft, ein Demokratiereformpaket, was mit Sicherheit nie ein Fehler ist.

Nur der eigentlichen Ursache für die Herabstufung geht niemand auf den Grund. Oder richtiger: fast niemand. Der Politikwissenschafter Laurenz Ennser-Jedenastik macht sich die Mühe, die Details des „Democracy-Index“ unter die Lupe zu nehmen. Dabei kommt er zum Schluss, dass die Herabstufung einzig auf schlechteren Werten bei einem Subindikator beruht, zu dem 2021 nur zwei Experten befragt wurden. Eine mehr als dürftige empirische Grundlage für so weitreichende Schlussfolgerungen.

Journalismus im 24-Stunden-Hamsterrad trägt seinen Teil zu dieser Entwicklung bei. Atemlos werden Schlagzeilen produziert, selbst wenn wenig bis nichts passiert. Die Logik der Digitalisierung will es so. Headlines müssen Sensationelles versprechen, auch wenn im anschließenden Text maximal Unspektakuläres zu lesen ist. Der Drang und digitale Druck zur Zuspitzung haben ihren Preis. Diskussionen werden als Duelle, Gesprächsrunden als Showdowns in Szene gesetzt; und das auf allen Kanälen. Das verlangt nach Erklärbären und -bärinnen, die zu allem eine Meinung haben, und schreckt in inhaltlichen Sachfragen sattelfeste Expertinnen und Experten ab. Bevor man erfährt, welche Partei oder welcher Minister von welcher Maßnahme profitiert oder zu Schaden kommt, möchten gar nicht so wenige Menschen vielleicht wissen, wie die Details aussehen und wer von diesen betroffen ist. Es ist unendlich viel mühseliger, zeitaufwendiger, personalintensiver und damit kostspieliger, komplizierte Themen sachgerecht aufzubereiten. Also lieber ein Duell der Behauptungen und Meinungen.

Solche Konfrontationen entsprechen, wie gesagt, der digitalen Logik. In Österreich kommt ein spezifisches Erbe hinzu: die Kolonisierung weiter Teile der Zivilgesellschaft durch die Parteien und Sozialpartner. Es ist noch nicht so lange her, da konnten versierte Beobachter der hiesigen Zustände fast alle öffentlich auftretenden Experten politisch zuordnen, manchmal ganz unmittelbar, mitunter via Pi mal Daumen. Nicht nur die Finanzströme an die Forschungsinstitute wollten es so. Die öffentliche Debatte hat davon nicht wirklich profitiert, auch wenn die Experten echte waren. Diese Situation hat sich mittlerweile gebessert, die Wissenschaften haben sich von der Politik emanzipiert, zumindest versuchen es die meisten. Dafür drängen nun parteipolitisch eingebettete Meinungsmacher umso offensiver in die Talkrunden. Doch das Problem einer politisch engagierten Wissenschaft bleibt aktuell, etwa in Klimaschutzfragen. Was das für die Unabhängigkeit der Wissenschaft in den Augen der Menschen bedeutet, werden wir erst im Rückblick mit Gewissheit wissen.

Apropos Unabhängigkeit: die wird den Medien zunehmend abgestritten, den neuen sowieso, aber eben immer öfter auch den klassischen. Laut einer Studie von 2022 vertrauen nur 40 Prozent der Befragten den Nachrichten, im Jahr davor waren es noch 46 Prozent.[20] Der Journalismus sieht sich dem pauschalen Vorwurf ausgesetzt, mit den Mächtigen nicht nur in einem Boot zu sitzen, sondern zusätzlich unter einer Decke zu stecken. Das trifft eine Branche ins Herz, die sich selbst mitunter als vierte Macht überhöht.

Über die Verantwortung muss man streiten. In den Jahrzehnten nach 1945 sind es einmal mehr die Parteien, die einen Großteil der Medien kontrollieren. „Glasnost" hält erst ab den 1970ern langsam und höchst unvollständig Einzug im medialen Österreich; es folgt ein massiver Konzentrationsprozess ab den späten 1980ern. Damals gehen „Krone" und „Kurier" via „Mediaprint" zusammen, die Wettbewerbsbehörde sieht willig weg. Mit der in Schüben vorrückenden Digitalisierung, die von der Medienpolitik sowie von etlichen Verlagen verschlafen wird, sind die Zutaten für die aktuelle Malaise vollständig.

Die Medienkrise ist zuvorderst eine ökonomische und regulatorische, deren Konsequenzen aber auch das Potenzial haben, den Journalismus zu unterminieren. Wirtschaftliche Unabhängigkeit ist das beste, wichtigste Fundament für geistige Unabhängigkeit. Würden mit einem Schlag sämtliche öffentlichen Förderungen und Inserate wegfallen, ginge in rund der Hälfte der noch bestehenden 13 Tageszeitungen und in etlichen Verlagen das Licht aus. Dann gäbe es auch keinen ORF, der an relativer Größe, Finanzkraft und Reichweite in Europa seinesgleichen sucht und genau deshalb immerzu Begehrlichkeiten der Politik hervorruft. Ohne öffentliche Mittel gliche das Land einer journalistischen Wüste mit einer Handvoll armseliger Oasen. Das müsste nicht so bleiben; möglich, dass der Wegfall öffentlicher Subventionen die bisher höchst unterdurchschnittliche Zahlungsbereitschaft der Menschen für unabhängige Medien beflügelt. Der Markt könnte dann neue Medien hervorbringen, starke Marken mit intakter Basis wären womöglich die Nutznießer. Doch das alles ist im Konjunktiv gesprochen. Zudem zeigt sich auch hierzulande die Rolle eines neuen Mäzenatentums im Journalismus.

Nicht die öffentlichen Mittel für Medienvielfalt und -qualität sind das Problem, sondern deren Vergabe und Verteilung. Die Einführung einer Haushaltsabgabe verbunden mit neuen digitalen Spielregeln für den ORF haben das Potenzial, die Probleme der privaten Medien zu potenzieren, weil deren ohnehin brüchiges Geschäftsmodell noch schneller wegzuschmelzen droht wie der Schnee im Frühjahr. Die jüngste Explosion der Produktionskosten für Print, stagnierende Digitalabos, Werbegelder, die überwiegend zu den US-Plattformen abfließen, und ein zumindest im Moment nachlassender Nachrichtenkonsum sind für sich genommen bereits ein gefährlicher Mix. Mit der geraunten und empirisch belegten Vertrauenserosion und dem behördlich verfolgten Verdacht gekaufter Berichterstattung bei „Österreich" der Familie Fellner, aber auch bei der Gratiszeitung „Heute" wird er hochgiftig. Das ist deshalb eine Tragödie, weil es in jeder Massendemokratie auf die Massenmedien, und damit auf das journalistische Ethos des Boulevards, ankommt. Nichts ist leichter als komplizierte Themen in umständlichen Sätzen mit zahllosen Fremdwörtern zu vermitteln. Dagegen ist es eine hohe Kunst, komplizierte Zusammenhänge in leicht verständlichen Worten und kurzen Sätzen zu erzählen, ohne dabei, und das ist entscheidend, die Menschen zu manipulieren.

Der fehlende Wille, die Rahmenbedingungen aktiv zu gestalten, und das viele Geld: Das ist der Stoff, der Österreichs Medien an die Politik kettet. Nicht nur zum Boulevard besteht eine ungesunde Nähe der Parteien, die alle Seiten beschädigt. Trotzdem glaubten sämtliche Beteiligten, sich dies leisten zu können. Diese Sicherheit ist jetzt perdu. Gut so, doch die Hoffnung auf Verbesserung prallt auf eine Politik, die nichts weiß von der existenziellen Krise der privaten Medien. Auch in der Medienpolitik verweigert Türkis-Grün das öffentliche Gespräch, antwortet mit Alibimaßnahmen auf grundsätzliche Probleme und glänzt ansonsten mit selbstbewusst vorgetragener Ignoranz.

Sebastian Kurz und sein Umfeld waren nicht die ersten, die sich mit dem Geld anderer Leute journalistischen Rückenwind erkaufen wollten. Wer das nicht glaubt, hat noch nie von Werner Faymann gehört. Neu ist vor allem, dass sich eine konkrete Verdachtslage auf Nachrichten im Originalton aus dem innersten Zirkel berufen kann. Die Chats des ehemaligen Kurz-Vertrauten Thomas Schmid geben einen ungeschminkten Einblick in den Maschinenraum der Macht.[21] Dass

„jedes Schriftl a Giftl" sein kann, war der forschen Jugend offenbar nicht mehr bekannt. Das öffentliche Urteil ist längst gefällt, an den Gerichten ist es nun, Recht zu sprechen.

Über die ebenfalls nötige Stärkung von Beschuldigtenrechten, und zwar unabhängig von den je betroffenen Personen, muss bei nächster Gelegenheit geredet werden. Österreichs Öffentlichkeit, die Politik wie die Medien, scheitern daran, das Thema des Persönlichkeitsschutzes mitten im Kampf um die Deutungshoheit der „Ibiza-Affäre" angemessen zu problematisieren. Parteipolitik, wohin man blickt. Der öffentliche Umgang mit eigentlich nichtöffentlichen Ermittlungsakten ist keine rechtsstaatliche Petitesse. Hier hat die Republik ein Thema. Selbstredend muss sichergestellt bleiben, dass Medien frei und ohne Druck über öffentlich relevante Sauereien und Missstände berichten können. Alles andere wäre ein noch größerer Skandal.

Bleibt die Frage nach dem Vertrauen. Haben Sie schon einmal von SNU gehört? Die Abkürzung steht für „strategisch notwendigen Unsinn" und ist einem Handbuch für Kommunikationsprofis aus der Feder des türkisen Medienberaters Gerald Fleischmann entnommen.[22] Um das eigene Profil zu schärfen oder von unangenehmen Themen abzulenken, streiten sich die Parteien um ein anderes, völlig nebensächliches Thema. Ein Häppchen für die stets hungrige Medienmeute und alle Daueraufgeregten auf Twitter, Instagram und Co. Das Ganze selbstredend hochprofessionell gemanagt, von Legionen an mit Steuergeld bezahlten Helferlein. Echte Inhalte, produktive Konflikte? Fehlanzeige. Das mag smart sein, aber sicher nicht klug. Der Flurschaden, den solche Methoden an der Demokratie anrichten, übersteigt jeden kurzfristigen Vorteil um Welten. Das ist Wahnsinn mit Ansage, umso mehr, weil die Versuchung groß ist, dass manche Medien, personell ausgedünnt, bei diesem inszenierten Unsinn unbeabsichtigt mitmachen.

Die Welt der Nachrichten ist zum Kampfplatz geworden. Nicht alle Akteure setzen dabei auf Transparenz und Fairness, stattdessen wird getarnt, getäuscht, verwischt – alles nur, um zu verwirren. Da sind russische und andere Trolle noch gar nicht einkalkuliert. In den Zielen unterscheidet sich der Kleinkrieg der Parteien nicht von den großen geopolitischen Konflikten rund um den Globus, immerhin sind die Mittel noch von anderer Dimension. Der Job von Journalismus ist es, dabei nicht mitzumischen, sondern für Übersicht und Orientierung zu sorgen. Doch in Österreichs kleinen und mittleren Redaktionen fällt es schon schwer, sich wenigstens gegen die für sich genommenen oft lächerlichen Ablenkungsmanöver der Innenpolitik zu immunisieren.

Trotzdem ist der Journalismus in Österreich in den vergangenen Jahren und Jahrzehnten kontinuierlich unabhängiger geworden. Auch dank der Möglichkeiten der Digitalisierung. Österreich, das war einmal ein Land der Parteimedien und parteipolitisch zuordenbaren Journalisten. Das klingt paradox, aber neue Technologien haben fast immer widersprüchliche Entwicklungen zur Folge.

Das gilt auch für die inhaltliche Breite des medialen Angebots. Eine gewisse Homogenisierung des etablierten Journalismus lässt sich schwer leugnen. Das ist Wasser auf die Mühlen jener, die über einen medialen Meinungseinheitsbrei klagen – und sich dabei aus Eigennutz als Kämpfer gegen den Mainstream inszenieren. Trotzdem trifft diese Kritik mitunter einen wunden Punkt. Medienmacher haben die Pflicht zur skrupulösen Selbstkritik.

Es ist der Souverän, der in einer liberalen Demokratie die Zügel für die allermeisten Entscheidungen in der Hand hält: Dass das Recht der Republik vom Volk ausgeht, ist nicht nur eine Floskel. Die Bürgerinnen und Bürger haben die Macht und die Möglichkeiten, korrigierend einzugreifen, wenn sie das Gefühl haben, dass sich die Verhältnisse in eine falsche Richtung entwickeln. Das Staatsvolk ist kein hilfloses Opfer, es verfügt über Macht, es muss sich nur entschließen, von dieser auch Gebrauch zu machen. Dieses Selbstbewusstsein ist in Österreich unterentwickelt. Es ist dies das stärkste Zeichen einer unreifen Republik. Das gilt gerade für das staatsbürgerliche Bewusstsein der Menschen, das Gefühl für eine Balance zwischen Rechten und Pflichten, den scheuklappenlosen Blick auf die Konsequenzen von Entscheidungen.

Protestwählen mag aus dem Impuls heraus verständlich sein, ist á la longue aber kein Fundament für stabile politische Verhältnisse. Dass Österreichs politisches System seit Ende der 1980er in einer Übergangsphase festhängt, ist auch der hartnäckigen Bereitschaft seiner Wählerinnen und Wähler geschuldet, sich von den Inszenierungen der Parteien immer wieder aufs Neue verführen zu lassen. Mit der Entscheidung der Menschen über ihren Medienkonsum hängt detto die Verfasstheit des Journalismus zusammen. Sind die Einzelnen bereit, für Qualität einen angemessenen Preis zu berappen: ja oder nein? Davon hängt vieles, eigentlich fast alles ab. Journalismus ist mit Sicherheit keine Ware wie jede andere auch, aber doch ein Produkt, das einen angemessenen Preis hat und haben muss. Wer das nicht wahrhaben will, beraubt sich selbst der Möglichkeit, durch die Wahl seiner Medien Einfluss auf die Qualität des Journalismus in diesem Land zu nehmen.

Das ist der Weg in die staatsbürgerliche Selbstaufgabe. Entscheidungen werden trotzdem getroffen, nur eben von anderen. Die dabei anfallenden Kosten, die materiellen wie immateriellen, die sind verlässlich von den Menschen zu bezahlen.

AUSWEGE

> „Der politische Diskurs ist keine Komfortzone. Wer Widerrede nicht erträgt oder Widerrede gar für ein Sakrileg hält, sollte sich nicht exponieren."[23]

Ist das, was Sie bisher auf diesen Seiten gelesen haben, ein faires Urteil über den Zustand der Republik? Oder nur die übliche Politikerbeschimpfung aus der ersten Reihe fußfrei? Geht es in den meisten anderen Ländern nicht nur nicht besser, sondern sogar noch schlimmer zu? Wer möchte wirklich tauschen mit Politikerinnen und Politikern, die schwierige Entscheidungen verantworten müssen, und dies inmitten von Technologiebrüchen, Krieg, Teuerungswellen und Pandemie? Schließlich hängt die Jahrhundertherausforderung, den Klimawandel zu bekämpfen und seine Folgen zu bewältigen, wie eine dunkle Wolke über unserer Zukunft. Dies alles in einer Zeit, wo der Respekt für diesen Job im Keller residiert und das Misstrauen gegen jeden und alles wuchert, das auch nur entfernt an Establishment erinnert. Und weil wir im 21. Jahrhundert leben, werden diese Stimmungen und Gefühlswelten professionell wie nie zuvor und mit allen Möglichkeiten der neuen Technologien ökonomisch und emotional bewirtschaftet, von Politik, Medien, Ich-AGs und nicht wenigen Extremisten und Verwirrten, die sich zu neuen Kollektiven zusammenschließen.

Überforderte Politik trifft auf aggressive Öffentlichkeit: Es gibt glücklichere Kombinationen. Dabei hat die Ära der Besserwisserei erst begonnen.

Zur Wahrheit gehört jedoch, dass der Verlust von Respekt und Vertrauen in „die da oben“ mit dem Gebaren von „denen da oben“ zusammenhängt. Die Überforderung ist bei vielen Auftritten sicht- und spürbar. Wenn immer mehr Menschen die Sorge haben, unter die Räder der neuen Zeiten zu geraten, ist die Sehnsucht nach Führungsfiguren verständlich, die zumindest den Eindruck vermitteln, sie wüssten um die Probleme und hätten eine Ahnung von möglichen Lösungen. Wenn beides fehlt, hilft es wenig, dass die Regierenden Steuergeld mit vollen Händen auf die unzufriedenen Bürgerinnen und Bürger regnen lassen.

Der Eindruck von einer heillos überforderten Politik ist dennoch zumindest unvollständig. Die allermeisten Menschen, die sich in Parteien engagieren und für öffentliche Ämter zur Verfügung stellen, sind anständig und fleißig. Doch der kleinere Rest prägt das Bild in der Berichterstattung und damit auch in den Köpfen.

Menschen, die sich parteipolitisch engagieren, werden im Alltag schief angeschaut – und manchmal mehr. Während der Einsatz in Umwelt-, Klima- oder Sozialbewegungen dem Engagierten zur eigenen Ehre gereicht, muss, wer sich bei einer etablierten Partei engagiert, oft lebenslang mit einem negativen Stigma rechnen. Jeder Wechsel aus der Politik hinaus, jeder Karriereschritt wird privat wie öffentlich damit in Verbindung gebracht. Manchmal zu Recht, denn es gibt sie ja, die Minderleisterinnen und Minderleister, Unterqualifizierten, Protektionskinder, die dank ihrer Verbindungen nach oben klettern. In einer fairen Leistungsgesellschaft sind solche Zustände schwer erträglich.

Trotzdem: Der schlechte Leumund der Politik ist eine eminente Gefahr für die Demokratie. Erstens, weil er in dieser Pauschalität schlicht falsch ist; zweitens, weil er Menschen, die über soziale und fachliche Qualitäten verfügen, davon abhält, sich zu engagieren; drittens, weil der Wechsel von Politikerinnen und Politikern in andere Bereiche dadurch noch schwerer wird, obwohl diese über wertvolle Fähigkeiten verfügen. Dass die Republik selbst keine qualifizierte Anschlussverwendung für ehemalige Kanzler und anderes Spitzenpersonal finden will, ist verrückt, weil eine Verschwendung von Ressourcen, und hält kluge Köpfe von den öffentlichen Angelegenheiten fern.

Die Folgen sind offensichtlich. Immer weniger qualifizierte Menschen wollen sich als Kandidatinnen und Kandidaten bei Gemeinderats- und Bürgermeisterwahlen aufstellen lassen. Topleute sagen für Spitzenfunktionen ab, weil sie in der Privatwirtschaft deutlich besser verdienen und vor allem nicht 24 Stunden am Tag sieben Tage die Woche unter Beobachtung stehen. Der Verlust jeglicher Privatsphäre ist das stärkste Argument gegen ein Engagement in der Politik. Jedes Smartphone ist ein potenzielles Massenmedium, das sich um medienrechtliche Gebote nicht kümmert. Eine Gesellschaft, die Menschen mit Sozial- und Fachkompetenz an den Schalthebeln von Gemeinden, Ländern und Bund haben will, muss das Ansehen parteipolitischen Engagements zurück ins Lot bringen.

Bei welcher Partei man sich engagiert, ist dabei zweitrangig: Wenn die bestehenden Bewegungen für zu viele nicht mehr passen, müssen diese passend gemacht werden; und falls das nicht gelingt, ist es höchste Zeit für Neues.

Stéphane Hessel, ein ehemaliger französischer Widerstandskämpfer und Diplomat, trifft 2010 mit seinem Essay „Empört Euch!“ einen Nerv unserer Zeit. Empörung findet sich mittlerweile an jeder Häuserwand, an den Stammtischen und im Übermaß in den Sozialen Medien. Was dagegen fehlt: Der Appell „Engagiert Euch!“ Das klingt im aktuellen Österreich nach Satire oder, schlimmer noch, nach Provokation. Doch es braucht Druck in den Parteien selbst, um deren Erneuerung voranzutreiben. Weil sie sich immer mehr abschotten, erkennen viele Funktionäre nicht, wie schlecht es von außen betrachtet um ihr Ansehen steht. Auch für Parteien gilt: Wer zu spät kommt, den bestraft das Leben. Österreichs tragende Kräfte sind längst brüchig. Der Aufbruch der ÖVP unter Sebastian Kurz hat sich als Schimäre erwiesen, jetzt stehen die Christdemokraten vor den Problemen seiner Hinterlassenschaft. In der SPÖ wurde Andreas Babler durch die Sehnsucht nach linker Erneuerung an die Spitze gespült. Ob er die Versprechen auch einzulösen vermag, ob hinter der mitreißenden Rhetorik politische Substanz steckt, werden erst die kommenden Monate und Jahre weisen. Neue, auch experimentelle Formen der Partizipation müssen dabei die Parteien ergänzen, ihre Macht einhegen. Aber ohne lebendige Parteien, die Zukunft gestalten wollen und können, wird unsere Demokratie nicht funktionieren.

Beim Vorankommen dieser Erneuerung erweist sich der in den vergangenen Jahren teils bewusst, teils unbewusst erweckte Eindruck, jede Spende an eine Partei sei unanständig, wenn nicht gleich korrupt, als fataler Schnitt ins Fleisch einer dynamischen Demokratie. Die bestehenden Parteien sind aufgrund ihrer üppigen staatlichen Alimentierung mit einer de facto Bestandsgarantie ausgestattet. Neuer Konkurrenz wird auf diese Weise der Sprung in die Parlamente von Bund und Ländern erschwert. Wir entwickeln Regeln, die den unbefriedigenden Status quo in Zement gießen.

Nachrichten vom Untergang Österreichs sind, frei nach Mark Twain, dennoch übertrieben. Weder ist auf Sicht ein Kippen ins Autoritäre noch das abrupte Ende des Wohlstands absehbar. Was sehr wohl droht, ist der schleichende Niedergang. Zugegeben, vor dieser Gefahr steht ganz Europa und der Westen insgesamt, aber es ist zu billig, die Verantwortung für den Zustand der Republik ausschließlich höheren Mächten und geopolitischen Megatrends umzuhängen, gegen die man im kleinen Österreich, leider, leider, unmöglich erfolgreich ankämpfen kann. Die Verlotterung der öffentlichen Debatte, deren Pendeln zwischen Ignoranz und Hyperventilation, der Zustand der Parteien, die Geringschätzung ernsthafter Politik, die geradezu fahrlässige Vernachlässigung struktureller Probleme, der Unwille, eigene Handlungsspielräume zu nutzen: Das alles gibt es in anderen Staaten ebenfalls, aber nichts und niemand hindert uns daran, es besser zu machen. Warum haben wir uns in den letzten Jahrzehnten in keinem Bereich an die europäische Spitze herangearbeitet, warum wurde in so vielen Politikfeldern wertvolles Terrain im Wortsinn verspielt?

Der Zustand des Politischen prägt die Wahrnehmung des Landes. „(. . .) things in Austria have steadily got worse. A slew of corruption scandals has rumbled on nearly uninterrupted since 2019. Confidence in the country's body politics has collapsed: the chancellorship has changed hands five times in the past six years, a rate not even Italy or Britain has been able to match": So fasst im Frühjahr 2023 „The Economist", das Leitmagazin des westlichen Liberalismus, die deplorablen politischen Verhältnisse in Österreich zusammen.[24]

Angeblich verhärtete ideologische Fronten sind höchstens eine vorgeschobene Ausrede. Das wäre eine zu simple Ausrede für das Ping-Pong mit der Verantwortung, zumal man echte weltanschauliche Überzeugungen, die sinnvolle Lösungen verhindern, in Österreichs Politik mit der Lupe suchen muss. Eher schon wirken Klientelinteressen und strategisches Kalkül der Akteure gegen sinnvolle Kompromisse. Unsere Malaise besteht aus einem Bündel schlechter Angewohnheiten.

Die Politik aus ihrer dysfunktionalen Logik befreien: Das ist die dringendste Aufgabe. Gelingt das, ergibt sich vieles anderes von allein. Pech, dass es sich dabei um die schwierigste Aufgabe von allen handelt.

Demokratie heißt, über Werte und Interessen öffentlich zu streiten, nicht einfach so, sondern konkret und handfest. Das ist keine kleine Kunst. Deshalb braucht es Parteien sowie Politikerinnen und Politiker, die diese Kunst beherrschen, und eine Öffentlichkeit, die den Konflikt begleitet, einordnet, um weitere Stimmen, Perspektiven, Interessen ergänzt und auf die Einhaltung der Spielregeln achtet. Konflikte sind der Kern des Politischen, doch Österreichs Politik, obwohl im Dauerclinch, verweigert den konstruktiven

Streit. Deshalb haftet auch den Kompromissen so oft ein so schlechter Ruf an. Dass der Kompromiss, diese Krönung der demokratischen Idee, von immer mehr politisierten Menschen als Verrat an den eigenen Idealen verstanden wird, zählt zu den großen zivilisatorischen Niederlagen der Postmoderne.

Politik braucht Emotionen, um möglichst viele zu erreichen, aber zu viel Drama bewirkt das Gegenteil. Die Lust an der Übertreibung hat sich verselbständigt. Wenn jeder Urnengang zur „Schicksalswahl" hochgejazzt wird, wenn immerzu der Eindruck vermittelt wird, als ob es, dieses Mal aber wirklich, um alles gehe – für die eine Seite um den Sozialstaat, die Unabhängigkeit der Justiz, die Abwehr des Faschismus, für die andere um den Stopp der Überfremdung, den Verlust der eigenen Kultur –, haben wir uns massiv verrannt. Demokratie kann nicht funktionieren, wenn eine Mehrheit der Wählerinnen und Wähler immerzu befürchtet, eine Wahl zu verlieren, sei gleichbedeutend damit, seine Heimat zu verlieren.

Dieser Überschuss an Emotion muss raus aus der Politik. Zumal die Enttäuschungen nur noch größer werden, wenn nach dem Wahlkampf dann doch Koalitionen und Absprachen getroffen werden, die zuvor aus Kalkül kategorisch ausgeschlossen wurden. In einer Demokratie der Sachzwänge ist kein Platz, vor allem keine Notwendigkeit, für die Inszenierung eines Endkampfs, egal um welche Werte es sich handelt. Regieren ist auch im 21. Jahrhundert eine dröge Angelegenheit, voll bürokratischer Detailarbeit, unzähliger Ministerräte in Brüssel, wo nicht selten Technokraten den gewählten Politikerinnen und Politikern den Rahmen vorgeben. Eine ideale Demokratie, so der bulgarische Politikwissenschafter Ivan Krastev, verwandelt Apathie in Interesse an den öffentlichen Angelegenheiten und wirkt mäßigend auf den Eifer der Zeloten. Doch das kann nur gelingen, wenn nicht bei jeder Wahl das Schicksal des Landes auf dem Spiel zu stehen scheint.[25]

Bis das auch in den Parteien sickert, ist es am Journalismus, für die nötige nüchterne Vernunft zu sorgen. Die ritualisierte Beschwörung von „Tatsachen" und „Fact-Checking" wird nicht die ersehnte Versachlichung bringen. Die Philosophin Marie-Luisa Frick schreibt: „In einem Multiversum von Bedeutungen können nackte Tatsachen niemals alle politischen Antagonismen aufheben. Jede Form von Aberglauben an ihre Durchschlagskraft wäre demnach ebenso zu hinterfragen, wie die Vorstellung einer homogenen Interessenlage unter politischen Subjekten, wenn sie ihre Interessen nur ausreichend reflektiert hätten."[26]

Das heißt: Fakten fallen nicht vom Himmel, sondern müssen eingeordnet, interpretiert und in Bezug auf andere Fakten gewichtet werden. Diese gesellschaftliche Arbeit ist der Job von Politik; radikal entgegengesetzte Interpretationen sind dabei vorprogrammiert. Diese Widersprüche vermag die Wissenschaft nicht aufzulösen, das sollte spätestens seit der Pandemie klar sein. Gegen nackte Lügen muss sich die Demokratie dennoch entschlossen wehren. Wissenschaftliche Expertise ist unersetzlich: für sich selbst genommen, um die Politik zu beraten und Handlungsoptionen aufzuzeigen. Entscheidungen jedoch sind Sache der Politik. Für diese muss sie dann geradestehen.

Demokratie bedeutet, dass niemand die Hände in Unschuld waschen oder mit dem Finger auf andere zeigen kann, wenn die Dinge in eine falsche Richtung laufen, das Vertrauen erodiert oder die Unzufriedenheit steigt.

Wer wissen will, welche Folgen ein kaputtes Parteiensystem haben kann, muss nach Frankreich schauen, wo in den Städten Straßenschlachten toben, oder in die USA, wo zwei Lager einander verbittert bekämpfen. Von solchen Zuständen ist in Österreich keine Rede, obwohl uns die vergangenen Jahre gelehrt haben müssen, stets mit allem zu rechnen. Aber Unzufriedenheit, Frustration, Wut wachsen auch zwischen Boden- und Neusiedler See, und keine Partei verfügt über mehrheitsfähige und konstruktive Antworten auf die grassierenden Sorgen.

Neben programmatischen Fragen ist der naheliegende Weg aus der Krise, nicht länger offensichtlich ungeeignete Personen in Spitzenämter zu hieven. Das klingt simpel, scheint aber schwierig, wenn man die Personalentscheidungen von ÖVP, SPÖ, auch Grünen in den vergangenen Jahren Revue passieren lässt. Dass sich die FPÖ, wenn sie regiert, noch spektakulärere Fehlgriffe leistet, kann den anderen kein Trost sein, weil Protest die blaue Geschäftsgrundlage ist.

In unserer durchmediatisierten Gesellschaft kommt es auf die Köpfe an der Spitze an. An diesen liegt es, die Inhalte ihrer Bewegung zu verkörpern und zu repräsentieren. Ohne die geeigneten Personen ist das Scheitern programmiert. Dass die Parteien nicht viel mehr Energie in ihr Personalmanagement investieren, ist fahrlässig. Am Geld kann es, wie gesagt, nicht liegen. Dennoch ist hinter den wenigsten Personalentscheidungen bei ÖVP und SPÖ eine schlüssige, auf die Probleme und Wählerinnen und Wähler ausgerichtete Strategie erkennbar, stattdessen dominieren interne Ausgleichsinteressen oder der Zufall, zur rechten Zeit erreich- und verfügbar zu sein, wenn nicht gleich Justizermittlungen wie bei der ÖVP oder ein offener Lagerkampf wie bei der SPÖ die Personalkarusselle am Laufen halten.

Das ist irrational zum Quadrat. Jedes mittelständische Unternehmen wäre damit längst gegen die Wand gefahren, der Unterschied ist allein, dass die Parteien immer und immer wieder eine neue Chance erhalten – dank enormer Förderungen und einzelner unverwüstlicher Hochburgen, seien es Kammern, Gewerkschaften, Länder oder Regionen. Ewig wird das dennoch nicht gutgehen.

Das Gleiche gilt für die Verfassung der Verwaltung. Österreich ist zu einem mehr schlecht als recht verwalteten Land heruntergekommen. „Wenn man die Verwaltungen Europas auflistet mit Holland an der Spitze und Griechenland am Ende, sind wir schon nahe an Griechenland." Das sagt nicht irgendwer, sondern mit Thomas Wieser ein international erfahrener Spitzenbeamter aus dem Finanzministerium.[27] Um dies zu ändern, darf man sich nicht auf Nebenschauplätzen verzetteln. Die Frage, ob ein Spitzenbeamter, eine Spitzenbeamtin, ein Parteibuch hat, ist mindestens drittrangig. Ungleich wichtiger sind Kompetenz in der Sache und Loyalität gegenüber dem Gemeinwesen. Das Thema drängt, weil bis 2030 ein erheblicher Teil des Leitungspersonals in den Ruhestand treten wird. Derzeit hat man nicht den Eindruck, dass dies die verantwortlichen Stellen in der Regierung groß kümmert. Tatsächlich ist es jedoch eine Megaherausforderung, diesen Übergang auch nur halbwegs erfolgreich zu managen.

Für die Parteien ist die Versuchung groß, die massenhaft freiwerdenden Stellen einmal mehr mit Gefolgsleuten zu besetzen. Auf diese Weise wappnen sie sich gegen Machtverlust. Das ist keine Eigenwilligkeit einer Partei, sondern steckt in der DNA aller. Bemühungen, die Besetzung von Verwaltungsjobs zu objektivieren, gibt es seit Jahrzehnten, doch bisher haben die Parteien noch immer Wege gefunden, diese zu umgehen; zur Not mit einer Organisationsreform von Ministerien oder Behörden, denn dann können Leitungsjobs neu ausgeschrieben und besetzt werden.

Um hier Druck für Reformen zu machen, hat sich 2023 die parteiübergreifende „Initiative bessere Verwaltung“ zusammengefunden. Die wichtigsten Vorschläge lauten: politische Kabinette in den Ministerien sollen auf maximal sechs Personen beschränkt werden, womit auch EU-Kommissare das Auslangen finden; keine Doppelverwendungen mehr in Kabinetten und Verwaltung; Abschaffung der politisch besetzten Generalsekretärinnen und -sekretäre; Cooling-off-Phase zwischen der Mitarbeit in einem Kabinett und dem Wechsel in die Verwaltung; bei Bewerbungsprozessen Auslosung des Vorsitzes von Personalkommissionen; Aufbau von Kompetenz in der Verwaltung statt externe Expertise zuzukaufen.

Diese Vorschläge klingen nicht nur vernünftig, sie sind es. Die Umsetzung könnte schnell und schmerzlos erfolgen. Der größte Nutzen läge in einer doppelten Signalwirkung: zum einen nach innen, an die bestehenden Mitarbeiterinnen und Mitarbeiter der Verwaltung, die wieder eine Aufstiegsperspektive durch Leistung erhalten; zum anderen nach außen, an potenzielle Mitarbeiterinnen und Mitarbeiter, dass die Vergabe von Führungspositionen nicht von Vitamin B abhängt, sondern von der fachlichen und persönlichen Eignung. Der Wettlauf um Talente gilt auch für die Verwaltung. Angesichts der wachsenden Anforderungen benötigt die Republik zumindest einen Teil der besten Köpfe, ansonsten wird sich der Qualitätsverlust fortsetzen.

Österreichs öffentliche Sphäre verfügt über keine Fehlerkultur jenseits des Freund-Feind-Schemas. Wenn Krisen und Skandale in der Vergangenheit überhaupt intensiv untersucht wurden, sei es die Pleiten der Gewerkschaftsbank Bawag und der Kärntner Hypo Alpe Adria, das Luftschloss der Commerzialbank Mattersburg oder die dubiose Inseratenvergabe, dann fast immer mit dem Ziel, Schuldige zu identifizieren oder Verantwortung auf andere zu schieben. Dagegen ging es so gut wie nie darum, aus den Fehlern für die Zukunft zu lernen.

Entsprechend hoch ist die Wahrscheinlichkeit, dass bei der angekündigten Aufarbeitung der Pandemie ebenso verfahren wird. Dabei hat die Coronakrise die strukturellen, politischen und organisatorischen Schwachstellen schonungslos offengelegt. Und alles, was den Parteien dazu einfällt, sind die Forderung nach einem Untersuchungsausschuss, wo es wieder allein um die Suche nach Schuldigen geht, und wolkige Appelle zur Versöhnung, die vor allem der Angst vor den nächsten Wahlen geschuldet sind. „Never let a good crisis go to waste“: Österreichs politische Klasse bezieht diesen legendär gewordenen

Ausspruch Winston Churchills nur auf den eigenen Vorteil.

Hier ist nicht der Platz für eine umfassende Analyse der fortschreitenden medienpolitischen Tragödie. Statt Rahmenbedingungen für einen Standort (mit-)zu gestalten, der die journalistische Unabhängigkeit und wirtschaftliche Überlebensfähigkeit in den Mittelpunkt stellt, denkt die Politik in Kategorien von Macht- und Einfluss. Die privaten Medien, die sich um guten Journalismus kümmern, stehen wirtschaftlich mit dem Rücken zur Wand. Ob die Verantwortlichen das Ausmaß der Krise wirklich erkennen und verstehen, muss bezweifelt werden. Das 2023 von Türkis-Grün beschlossene Paket zur Förderung von Qualitätsjournalismus ist ein Tropfen auf dem heißen Stein, die Summen sind im Vergleich zu den weitgehend nach politischem Goodwill ausgeschütteten Inseratenbudgets lächerlich gering. Welche Medienlandschaft Österreich in Zukunft haben wird, entscheidet sich nicht irgendwann, sondern jetzt. Der ORF ist für die Öffentlichkeit dieses Landes von zentraler Bedeutung, doch das gilt ebenso für die privaten Medien. Das neue ORF-Gesetz birgt das Potenzial, dieses prekäre Gleichgewicht endgültig zum Kippen zu bringen.

Wozu brauchen wir als freie Gesellschaft überhaupt Journalismus? Welche Art von Journalismus muss oder soll das sein? Welche Strukturen schaffen die besten Bedingungen für einen solchen Journalismus? Selbst wenn die Ursachen für viele Probleme teils weit jenseits der österreichischen Grenzen und Kompetenzen liegen: Diesen Fragen hat sich die hiesige Politik nie gestellt, weshalb sie auch über keine Antworten verfügt. Einzig zum Zusperren der „Wiener Zeitung" nach 320 Jahren hatten ÖVP und Grüne die Kraft. Hier wird die älteste noch erscheinende Tageszeitung, die über eine der besten Redaktionen des Landes verfügte, ohne echte Not und gegen lautstarken Protest zu Tode transformiert. Ein politisches Armutszeugnis sondergleichen.

Was das Medienthema so herausfordernd macht: Das bestehende System befindet sich im radikalen Umbruch, doch die konkrete Gestalt des Neuen ist noch immer nicht absehbar. Womöglich müssen wir uns grundsätzlich von der Idee stabiler Rahmenbedingungen im Hinblick auf Massenmedien und Journalismus verabschieden – nicht nur für die unmittelbare Zukunft, sondern dauerhaft. Innovationen wie Künstliche Intelligenz werden ständig für neue Chancen und ebensolche Gefahren sorgen. Stand heute lässt sich nicht einmal mit Sicherheit sagen, ob Text in geschriebener Form künftig bei der Wissens- und Nachrichtenvermittlung über den Status einer Nische hinausreichen wird oder ob nicht Videos und Bilder, wie sie die Jungen an Instagram und TikTok fesseln, dominieren werden.

Fix ist: Der Kern von Journalismus liegt weder darin, Spielwiese für die individuellen weltanschaulichen Vorlieben der Journalistinnen und Journalisten zu sein, noch darin, jedem Ablenkungsmanöver der Politik eine Plattform zu bieten. Ziel muss es sein, Sinn von Unsinn zu trennen, und den Menschen zu ermöglichen, sich ihre eigene Meinung zu den Themen der Zeit zu bilden. Dazu muss die Distanz zur Politik wachsen und die Kommunikationsübermacht regierender Parteien beschränkt werden. Längst arbeiten in den Content-Abteilungen von Ministerien und Landesregierungen mehr Menschen als in den großen Redaktionen.

Nicht, dass es Korruption, Bestechlichkeit und Misswirtschaft in Österreich gibt, ist das Problem. Die gibt es in anderen Staaten und Gesellschaften genauso und in etlichen mehr davon. Fatal ist, dass die Menschen sich daran gewöhnen, und noch fataler, dass eine der häufigsten Ausreden der Ertappten und Beschuldigten lautet: „Das war schon immer so, die anderen machen es auch, nur wird gegen die nicht ermittelt." In der Sache mag das da und dort sogar stimmen, nur taugt es nicht als Rechtfertigung und noch weniger als Entschuldigung. Gesetze, die nicht durchgesetzt werden, sind totes Recht.

Die Politik macht jetzt die Erfahrung, dass die Grenzen des Akzeptierten neu gezogen werden, und zwar strenger als bisher. Diesen Strukturwandel der Öffentlichkeit haben in der Politik noch nicht alle internalisiert. Selbst schuld: Wer zu spät kommt, den bestrafen Ermittlungen. Genauso wahrscheinlich ist allerdings, dass der Trend, Politik über die Bande der Justiz zu spielen, am Ende auch dessen größten Befürworter erfassen wird. So oder so sind es am Ende unabhängige Gerichte, nicht die Meinungsmacherinnen und Meinungsmacher, die über Schuld und Unschuld entscheiden, zumal nicht alles, was die Staatsanwaltschaft oder der gesunde Menschenverstand als unzulässig empfinden, zwingend gegen den Buchstaben des Gesetzes verstößt.

Gerade deshalb benötigt die Republik eine neue Verantwortungskultur, und das keineswegs nur in der Politik. Wo gravierende Fehler passieren, muss Verantwortung persönlich zugeordnet werden können, statt bloß wegadministriert oder an den Nächstbesten weitergereicht zu werden. Der Satz „ich übernehme die Verantwortung" aus dem Mund einer Spitzenvertreterin oder eines Spitzenvertreters ist die Ausnahme, und wenn er doch ertönt, dann meist, um seinen Sinn ins Gegenteil zu verkehren. Es findet sich immer ein anderer Schuldiger, wenn man nur lang genug sucht. Doch das ist ein Missverständnis: Bei der Idee von öffentlicher Verantwortung geht es nicht allein um persönliche Schuld, sondern darum, dass sich Konsequenzen aus der formalen Stellung ergeben können. Zu einer solchen Kultur gehört, dass sie nicht missbraucht wird. In Österreich erschallt der Ruf nach Konsequenzen verlässlich dann, wenn es die „andere Seite" trifft. Hier wird zu oft von zu vielen mit zweierlei Maß gemessen. Medien und Zivilgesellschaft haben es verabsäumt, einen akzeptierten Maßstab durchzusetzen, an dem sich alle messen lassen müssen.

Ohne eine solche Verantwortungskultur wird sich der Vertrauensverlust nicht aufhalten lassen. Auch Zynismus, in den sich viele, gerade auch in den Medien, angesichts der Verhältnisse flüchten, bietet keine Lösung jenseits der eigenwilligen persönlichen Befriedigung, die „da oben" taxfrei zu Trotteln zu erklären. Gelassenheit ist mit Sicherheit zuträglicher für die mentale Verfassung. Das gilt für den Einzelnen wie die breite Öffentlichkeit. Wenn dann noch der Journalismus hartnäckig all die wolkigen Behauptungen der Politik für seine Leserinnen und Leser mit der Forderung nach inhaltlicher Substanz konfrontiert und um die meist unerwähnten, aber wichtigen Details ergänzt, ist das zwar mühseliger, aber gewiss erfolgversprechender, um Vertrauen zurückzugewinnen. Womöglich kommt dann die Politik auf die nicht minder verwegene Idee, das eigene Geschäft wieder mit Ernsthaftigkeit und Substanz zu betreiben.

Österreich ist ein kleines Land mit großem Potenzial. Diese Chancen müssen immer wieder aufs Neue erarbeitet und verwirklicht werden. Dafür benötigt es, neben demokratischen Mehrheiten, Sachverstand und Glaubwürdigkeit. Die Menschen verfügen á la longue über ein sicheres Bauchgefühl, ob man es ernst mit ihren Anliegen meint. Die unreife Republik ist an ihre Grenzen gekommen: Weiter so, und es wird kein gutes Ende nehmen. Was dann folgt, wird kein spektakulärer Zusammenbruch sein, weder des Wohlstands noch des Wohlfahrtstaats, sondern ein langsamer Niedergang auf leisen Sohlen. Kein lautet Knall, dafür die qualitative und quantitative Erosion der öffentlichen Dienstleistungen. Die Zeit ist reif für eine Kursänderung.

QUELLEN UND ANMERKUNGEN

1 Peter Handke am 17. Februar 2020 in seiner Rede beim Festdinner in der Wiener Hofburg zur Feier seines Literaturnobelpreises; zitiert aus „Kärnten neu/Koroska nanovo“, hg. von Lojze Wieser und Jani Oswald, Klagenfurt 2020, Seite 132.

2 Franz Grillparzer: Ein Bruderzwist in Habsburg, zweiter Aufzug; 1848 vollendet, 1872 uraufgeführt.

3 Leopold Kohr in der Einleitung zu „Das Ende der Großen. Zurück zum menschlichen Maß“, Salzburg 2002, Erstveröffentlichung 1986.

4 Ernst Fischer: Erinnerungen und Reflexionen, Frankfurt 1994, Seite 104, Erstausgabe 1969.

5 Arthur Schnitzler: „Der Weg ins Freie“, Berlin 1918, Seite 414, zitiert nach William M. Johnston: Österreichische Kultur- und Geistesgeschichte, 3. Auflage, Wien 1992, Seite 399.

6 Nur Fachhistorikerinnen und Fachhistorikern ist bekannt, dass sich das zweite „k“ in „k.k.“ auf das königliche Böhmen bezieht, jenes in „k.u.k“ dagegen auf das „königliche“ Ungarn.

7 Robert Musil (1987, Erstausgabe 1930): Der Mann ohne Eigenschaften. Band 1: Erstes und Zweites Buch, Seiten 32 bis 34. Rowohlt Verlag, Reinbek bei Hamburg.

8 Der Begriff „Bananenrepublik“ ist ursprünglich auf die dysfunktionalen, exportabhängigen (z. B. Bananen) Kleinstaaten Süd- und Mittelamerikas gemünzt.

9 Der damalige Außenminister und ÖVP-Hoffnungsträger Sebastian Kurz im Herbst 2016.

[10] Der damalige Bundeskanzler Werner Faymann, SPÖ, am 28. Oktober 2015 angesichts zehntausender Flüchtlinge, die unkontrolliert über die Grenze kommen.

[11] Burgenlands Landeshauptmann Hans Peter Doskozil, SPÖ, kontert am 30. März 2023 in der „ZIB 2" die internen Vorwürfe, er strebe im Fall seiner Wahl zum Parteivorsitzenden ein Bündnis mit der FPÖ an.

[12] Grünen-Chef Werner Kogler im Wahlkampf 2019 wenige Monate, bevor er eine Koalition mit der ÖVP eingeht.

[13] FPÖ-Obmann und Ex-Innenminister Herbert Kickl reagiert am 19. November 2021 auf den Beschluss der Impfpflicht, die allerdings nie umgesetzt wird.

[14] „Unser Heer 2030", präsentiert am 17. September 2019.

[15] Jörg Mauthe: Die große Hitze, erstmals erschienen 1974, Neuauflagen 2011 und 2017, Edition Atelier.

[16] Jakob Wiesbauer-Lenz: Politisches Beamtentum in Österreich. Eine Untersuchung der Spitzen der Ministerialbürokratie unter Berücksichtigung der Position des Generalsekretärs, Mai 2018, Masterarbeit FH Campus Wien.

[17] Das heißt, dass sie selbst oder beide Eltern im Ausland geboren wurden.

[18] Rudolf Burger zitiert nach Adolf Noll, „Wiener Zeitung" vom 22. April 2021.

[19] Aus einem Interview mit der „Wiener Zeitung" vom 10. September 2022.

[20] Reuters „Digital News Report" 2022.

[21] Kurz selbst, die Familien Dichand und Fellner sowie weitere Beschuldigte weisen die Aussagen Schmids als unwahr zurück.

[22] Gerald Fleischmann, langjähriger Vertrauter von Sebastian Kurz, hat SNU in seinem Buch „Message Control“, Wien 2023, beschrieben.

[23] Marie-Luise Frick: Zivilisiert streiten. Zur Ethik der politischen Gegnerschaft, Stuttgart 2017, Seite 61.

[24] „The Economist“, Ausgabe vom 11. Mai 2023.

[25] So Krastev in der „Financial Times“ vom 9. April 2023.

[26] Frick, Seite 67.

[27] „Wiener Zeitung“, Ausgabe vom 11./12. März 2023.

© Moritz Ziegler

Zum Autor

Walter Hämmerle, geboren 1971 in Lustenau, Vorarlberg; promovierter Politikwissenschafter und langjähriger Journalist; seit September 2023 Innenpolitikchef der „Kleinen Zeitung“, bis Ende 2022 Chefredakteur der „Wiener Zeitung“; zahlreiche Veröffentlichungen zu österreichischer Politik, Geschichte und Verfassung, darunter „Der neue Kampf um Österreich. Die Geschichte einer Spaltung und wie sie das Land prägt“, Wien 2018.

In der Reihe »Streitschriften« nehmen renommierte Persönlichkeiten pointiert zu brisanten Themen Stellung, um einen notwendigen weiterführenden Diskurs anzuregen.

Bisher sind folgende Bände erschienen:

Bd. 1: Andreas Unterberger:
Schafft die Politik ab!
Bd. 2: Martina Salomon:
Iss oder stirb (nicht)!
Bd. 3: Alexander Purger:
Nieder mit dem Zentralismus!
Bd. 4: Hans Winkler:
Herausforderung Migration
Bd. 5: Wolfgang Kühnelt:
Nachspielzeit. Die sieben Todsünden des österreichischen Fußballs
Bd. 6: Othmar Karas / Hans Winkler:
Europa am Ende? Zwei Meinungen
Bd. 7: Rahim Taghizadegan:
Geld her oder es kracht! Was jede(r) über Geld jetzt wissen muss!
Bd. 8: Anton Pelinka:
Die Sozialdemokratie – ab ins Museum?
Bd. 9: Christian Burger:
Sch(m)utz im Netz. Warum wir digitale Masken brauchen
Bd. 10: Marc H. Hall:
Mutig, aber realistisch gegen die Klimakatastrophe

Table des matières

Éditrice : Laurence Morvan
Coordination éditoriale : Caroline Brou et Estelle Kéravec
Maquette : Olwenn Manac'h
Impression : SEPEC Numerique, Péronnas (01)

ISBN : 978-2-7373-8267-3
N° d'éditeur : 10362.01.1,5.02.21

Dépôt légal : février 2021
Imprimé en France
www.editions.ouest-france.fr

Certifié PEFC
Ce produit est issu de forêts gérées durablement et de sources contrôlées
PEFC
10-31-3532
www.pefc-france.org